天台学者の浄土思想

竹本公彦

中央公論事業出版

天台学者の浄土思想●目次

はしがき

この著書は、修士論文の一部、伝灯の『淨土生無生論』を補いつつ、それに影響を与えた先輩学者の研究結果を追加してまとめたものである。浄土思想といえば、浄土教学者・慧遠、加才、善導などのそれを思い浮べるが、浄土教学者以外の学者にも優れた著作が在る。特に、智顗・知礼・智円・伝灯・智旭等の天台教学者にも、優れた著書が残されている。（天台教学については、別に『天台教学』の中で論じる。）今回は、その論文から意図的に除外した伝灯の『淨土生無生論』を中心にした天台教学者の浄土思想について検証したい。この論文では、伝灯の『淨土生無生論』に焦点をあてながら、彼に影響を与えた、彼の先輩天台学者の著作を読み解いて、『天台学者の浄土思想』というテーマでまとめてみたい。その概論については、序論の項で紹介する。

さて、幽渓伝灯は、明代の著名な天台学者で、多くの著書があるが、その中には、浄土関係の著名なものもある。その代表的な書が、『淨土生無生論』だ。この書は、極めて短編であるが、伝灯の著書の中での評価は高く、後世の学者への影響も大きいので、その内容を、受教、正寂、達黙等の註釈を参照する。さらに、伝灯の『淨土生無生論』の出現に大きな影響を与えた、智顗、知礼等の浄土関係の著書を検証して、伝灯への影響を吟味する。

序論

天台教学者の中には、浄土関係の著作が多い。例えば、浄土経典の註や疏、浄土関係の論文の類である。何故か。行者が己心の中で、天台哲学の主要概念、三諦円融、十界互具、一念三千、性悪説、具などの概念と、浄土教の弥陀仏の本願他力思想とを、いかようにして関連付け、統合が出来たのかを、思弁すると、智顗の『摩訶止観』の影響が大きいことがわかる。この書に述べられている止観の作法に、三昧という行が在り、その中に、阿弥陀仏を観想したり、その国土・浄土を止観したり、念仏を称える念仏三昧等[1]がある。行者は、これらの行を通じて依報と正報、すなわち、浄土と阿弥陀仏とに、深いかかわりを持つことにより、阿弥陀仏と浄土思想に接近していったのだ。この浄土思想に最も大きな影響を与えたと思われる『摩訶止観』の著者である智

1　一心に仏心を観念し、あるいは、一心に仏名を称念する。

顗自身にも、『浄土十疑論』、『仏説観無量壽仏経疏』、『仏説阿弥陀経義記』、等の浄土教関係の著書があり、天台中興の祖、知礼にも、『仏説観無量壽仏経疏妙宗鈔』、が、最後の著名な天台学者、智旭にも『仏説阿弥陀経要解』がある。さらに、この論文の中心人物、伝灯にも、『浄土生無生論』があるのだ。その他、宗暁[2]、慈雲遵式[3]、知円[4]にも優れた著書を挙げることが出来る。中国天台教学者の浄土思想の発展に最も大きな影響を与えたのは、智顗であることは、異論があるまい。だが、この論文は、『天台教学』の延長線上にあるので、智顗、知礼、智旭ではなくて、伝灯の『浄土生無生論』を中心に据えて論じてゆきたい。私の修士論文のテーマの一つが、『浄土生無生論』であり、この論文が、それと関わりがあるからだ。それ故、ここでは、伝灯の浄土思想をキィとして、それに大きな影響を与えた、智顗と知礼の浄土関係の著作を検証して、天台学者の浄土思想を吟味したいのだ。

伝灯は、『浄土生無生論』の冒頭で、次のように述べている。

稽首能仁円満智無量壽覚大導師。所説安養大乗経了義了義至円頓。妙徳普賢観自在勢至清淨大海衆。馬鳴竜樹及天親。此土廬山蓮社祖天台智者抃法智。『淨土生無生論』(大正・47・381a)

無量壽仏に帰依し、大乗仏教に説いている円頓教[5]を理解して、普賢菩薩、勢至菩薩、馬鳴菩薩、竜樹や清淨大海衆と廬山[6]慧遠、智顗、知礼に稽首する。この中で注目するのは、慧遠[7]、智顗、知礼の名前が記されていることである。幽渓伝灯は、自身の浄土思想に、この三者の影響を受けていることを明らかにしている。就中、この論文では、天台学者の浄土教観を扱うので、伝灯と智顗および知礼を重視してゆきたい。

私がこの論文で明らかにしたいテーマは、伝灯の著書のタイトルとなっている「浄土生無生」、就中、「生無生」の意味を探求することである。（別の論文『天台教学』で、私は、伝灯の「性善悪」について論じている。）今回は、似たようなニュアンスを持つ、「生無生」を取り扱う。「生無生」とはどういう意味であるのか。「生」は、生まれる、という意であり、無生というのはどういうことか。生まれないことである。このように、「生」「生まれる」と「無生」「生まれない」というのは、反対概念だ。敵対的矛盾[8]ともいう。「浄土」に「生無生」とは、浄土に生まれるこ

---

2 楽邦文類（大正・47・148）（卍続・107・813）、楽邦遺稿（大正・47・231）（卍続・107・984）
3 往生浄土決疑行願二門（大正・47・144）、往生浄土懺願儀（卍続・108・685）
4 仏説阿弥陀経疏（大正・37・350）
5 円頓教：天台円教の別名。円教且つ頓教の意。天台が『華厳経』のことを言う。
6 廬山：中国江西省南康府。東晋の初、慧永が西林寺を開く。同門の慧遠が東林寺を開き、白蓮社により念仏門を興行して有名となる。又禅宗の一大叢林ともなる。
7 無量壽経義疏（大正・37・173）
8 （敵として）対抗する矛盾。

とと、生まれないこととが、結びついて、一つの句を造っている。敵対的矛盾の意味を持つ概念[9]が一句の中に存在しているのだ。これは、「生」（生まれること）や「無生」（生まれないこと）を意味する概念が、それぞれ、孤然[10]としての在りようをしているならば、「生無生」は、概念としては成立しない。だが、仏が説いているように、実は、ものの在りようは、孤然としての在りようでは無く、自性の無い、無自性の在りよう、自己を否定した在りようであり、従って、互いが関係することによってのみ存在出来る、関係しなければ存在出来ない在りよう、縁起の在りようなのだ。それ故、「浄土」の「生無生」の在りようが成立するのだ。「浄土生無生」とは、「浄土」が無自性・縁起の在りようをしており、我々もまた、無自性・縁起の在りようをしており、仏もまた無自性・縁起の在りようだから、「浄土生無生」という概念が成り立つのだ。伝灯は、浄土も無自性・縁起の在りよう、我々も、無自性・縁起の在りよう、我々を浄土につれてゆく仏も無自性・縁起の在りようをしていることを、「浄土生無生」という一句で表現しているのだ。

　このように、「生無生」は、生と無生が縁起の在りようであることを示している言葉なのだ。この概念の意味を、伝灯、正寂『淨土生無生論註』、受教『淨土生無生論親聞記』、達黙『淨土生無生論会集』の言葉を吟味しながら、探求して行きたい。『淨土生無生論』は、極めて短編だが、豊かな内容に満ち満ちているので、一語一句もおろそかにせず、検証して行きたい。

縁起と具（性具と理具）

さて、この論文を上梓するにあたり、いくつかの前提を書いておきたい。まず、伝灯が、彼の浄土論に、『淨土生無生論』という書名を付けた意味について考えてみたい。この書名が、『淨土生論』でも、『淨土無生論』でもなく、『淨土生無生論』となっているのは、何故か。それは、彼が、前者でも後者でも表すことの出来ない内容の執筆を意図しているからだ。「浄土生」でも、「浄土無生」でも表現出来ないにもかかわらず、「生無生」で表せるものとは、一体、何なのか。「生」と「無生」は、見ての通り、敵対的矛盾であり、「生無生」は、その自己同一である。このような内容を持つ概念が、何の矛盾も無く説明出来る理由は、何故か。両者が、無自性で、縁起の在りようをしているからだ。浄土は、生で無ければ、無生でも無いけれども、同時に、浄土は、生であり、無生でもあるのだ。

さらに、生と無生は、即であり、具でもある。ここでは、『淨土生無生論』では、浄土生具浄土無生と表現した方が、この書を著した伝灯の意志が伝わりやすい。以上から、『淨土生無生論』

9　同一種類の個々の事物から得られる共通点をまとめて作り上げた一般的な観念。
10　単独の状態にあること。他と関わらないこと。ここでは、関係の反対の意味、縁起の対立的意味で使用している。

は、縁起を土台として成立していることが理解出来る。この点は、『性善悪論』[11]と共通する。

伝灯は、造論の構造について、自ら下記のように書いている。

将造此論立為十門。一一真法界門。二身土縁起門。三心土相即門。四生仏不二門。五法界為念門。六境観相呑門。七三観法爾門。八感応任運門。九彼此恒一門。十現未互在門。

『浄土生無生論』（大正・47・381ｂ）

この論は十門をもって構成するとして、上記の十門を挙げている。この中で、二の「縁起」、三の「相即」、四の「不二」、六の「相呑」、七の「法爾」、九の「恒一」、十の「互在」の句の真の意味は、表現は異なるけれども縁起と同義である。だから、この論は、縁起思想を土台として成立していることがわかる。

さて、これから、『浄土生無生論』の内容を吟味して行く。その際、使用テキストとして、『浄土生無生論』とともに、達黙の註がある『浄土生無生論会集』（『会集』）を用いる。『会集』の序に次の文章がある。

達黙は、この『会集』を著わした理由について、次のように言う。

若不集之。恐失詳也。

『浄土生無生論会集』（卍続・109・79ｂ）

もし、これを集めなければ、『淨土生無生論』は、恐らくは失われて後世に伝わらないだろうと。故に、この『会集』は、『淨土生無生論』を後世に伝えるために書かれたのだ。

では、『会集』と『淨土生無生論』の内容を吟味してゆこう。まず、『会集』の冒頭に次のような文章がある。

夫淨土者。確実而言非是生。亦非無生也。何則淨土者。乃心性之異名也。
『淨土生無生論会集』（卍続・109・79 a）

かの浄土というのは、確かに、生ではなく、無生でもない。何が浄土であるかというと、心性の異名である。浄土は、心性の別名だから、生でも無生でもないと。ここで心性といっているのは、心の背後にあって、心を在らしめている真如本体のようなものではなく、単なる心（我々の妄心）のことだ。この点については、後で説明する。伝灯は、ここでは、心性を妄心の意味で用い、浄土は、心の別名だ、といっている。だが、浄土と心性（心）は、全く同一のものではなく、別個の存在でありながら、お互いに関係することによって存在することが出来る、縁起の在りよ

11　幽渓伝灯。（卍続・101・837）

うをしていると述べているのだ。これについては、私の『天台教学』で詳細に述べているから、参照してほしい。

本無惑染。強名曰淨。衆生依止。強名曰土。既是自心。則生與無生。皆成戯論矣。[12]

『淨土生無生論会集』（卍続・109・79a）

上記の文の訳は、註に在る。

この文章について、達黙は、正しい解釈を示す。

今言生者。乃大慈悲父。為児女心重。於第二門頭。抜苦與楽之謂。乃生滅門意也。又言無生者。乃古善知識。為仏法情深。依第一義諦。応病下薬。乃真如門意也。二門唯是一心。説甚生及無生也。然而一心具足二門。不妨生與無生也。

『淨土生無生論会集』（卍続・109・79a）

まず、「生」を解説する。今、生というのは、大慈悲の父で、子供たちの心の支えとなり、第二門の先頭で、衆生の苦しみを取り除いて、楽を与えることを謂う。生滅門の意味である。また、「無生」というのは、昔の善知識が、仏法を深く窮めて、真如の第一義諦によって、病気に応じて適切な薬を与えたようなことで、真如門の意味である。一心こそ二門であり、生と無生を説く。だが、一心は、二門を具足しており、生と無生とも縁起の在りようをしている。生滅門と真如門とは、権と実の関係にあるが、この権の生滅門と実の真如門の関係は、それぞれ別個に、権であり、実でありつつ、さらに権単独では存在し得ず、実単独でも存在し得ない。両者が互いに相手の存在を予想して、具、縁起の関係であることによって互いに存在出来るのであると。

序論に伝灯思想の基本概念は、ほぼ登場してくる。代表的なものは、「具」と「縁起」だ。智顗を始め、知礼、伝灯の著述で、「具」は、現起（表面に現われる）し、「縁起」は冥伏することが多い。だが、いずれも、重要な役割を果たしていることに相違はない。『淨土生無生論』においては、いわば、「具」は、上部構造であり、「縁起」は土台だ、といえる。

12　まず、浄土の意味を説明する。本来、惑染無し。強いて浄と名付ける。衆生が依って止まるから、強いて土という。さらに、「生無生」の意味を解説する。自ら心だから、生と無生なのだと。「既是自心。則生與無生。皆成戯論矣」というからには、本来、心に自性は無く、縁起の在りようであるにもかかわらず、「生だ」、「無生だ」といえば、自性があって、孤然として存在している、ということになる。それでは、心を「生無生」の在りようとはいえないからだ。

第一章　幽渓伝灯の浄土思想

第一節　『淨土生無生論』

さて、伝灯の『淨土生無生論』の執筆の意図について、概観してみよう。彼は、その冒頭で、次のように述べている。

将造此論立為十門。　『淨土生無生論』（大正・47・381b）

この論を著わすにあたり、十門を立てている。具体的には、下記になる。

1、真如法界門

2、身土縁起門
3、心土相即門
4、生仏不二門
5、法界為念門
6、境観相呑門
7、三観法爾門
8、感応任運門
9、彼此恒一門
10、現未互在門
などである。

真如法界門

一真法性中[13]。具足十法界。　『浄土生無生論註』（卍続・109・6a）

一真法性中に、十法界を具足している。それ故、一真法性中に、仏界と他の九法界が具されている。善悪について論じれば、仏法界は善の在りようで、その他の九法界は、悪なのだ。だから、智顗の十界互具思想から考えれば、一法性中に、同時に、善悪を具している。伝灯自身の『性善悪論』の記述そのままだ。さらにまた、権実について言えば、十法界[14]では、仏界は、実であり、その他の九法界は権であるが、この権と実は、前者も無自性、後者も無自性、両者ともに、無自性で縁起の在りようであるから、お互いに権即実、権具実だ。相手が存在する故に、権も実も存在するのだ。

性（性具、性体、性量）

さて、伝灯の浄土思想は、知礼の性悪説と同じでは無い。伝灯の浄土思想は、天台の伝統思想・性悪説とは異なる視点から、構成されており、天台の新しい浄土論なのだ。

初一真法界門。一真法性中。具足十法界。依正本融通。生仏非殊致。論曰。一真法界即衆生本有心性。此之心性具無量徳受無量名。云何具無量徳。挙要言之。謂性体性量性具。

『浄土生無生論』（大正・47・381b）

13　法性：諸法の真実である本性。
14　十法界：仏、菩薩、縁覚、声聞、天、人、修羅、餓鬼、畜生、地獄。

初めに、一真法界門は、十法界を具足して、依報と正報は融通して、衆生と仏には異なりは無い。「生仏非殊致」であると。伝灯によれば、仏も十界互具、菩薩以下の衆生も、それぞれ十界互具だから、異ならないというのだ。

伝灯は、さらに、説明して、『大智度論』には、「一真法界は、衆生に本来、あるところの、心性と相即している。この心性は無量の徳を具し、無量の名まえを受けている」と。どうして無量の徳を具するのか。要点を言えば、性体、性量、性具のことを謂うのだ。

この無量の徳の要点である、性体、性量、性具について、伝灯は説明する。

云何性体。謂此心性離四句絶百非。体性竪凝清淨無染。不生不滅常住無壊。

『淨土生無生論』（大正・47・381b）

この性体の説明は、難しい。性体とはどのようなものか。此の心性は、性体のことであり、言語などでは、言い表せない。性体は、清らかで、煩悩に汚染されない。生じないし滅しないし、常住で破壊されることが無い。故に、性体は、その内容から、仏の三身では、法身に擬せられる。

云何性量。此心性竪窮三世。横遍十方。世界有辺。虚空無辺。虚空有辺。心性無辺。現在有

辺。過末無辺。過末有辺。心性無辺。無尽無尽無量無量。『浄土生無生論』（大正・47・381b）

性量とはどういうものか。要点を言うと、此の心性は、時間的には三世を窮め、空間的には、十方を窮める。心性は、無辺である。無尽であり無量であると。このように、性量とは、性の時空の大きさのことだ。

云何性具。謂此心性具十法界。謂仏法界。菩薩法界。縁覚法界。声聞法界。天法界。修羅法界。人法界。畜生法界。餓鬼法界。『浄土生無生論』（大正・47・381b）

性具とはどういうことか。性具は、性体、性量、性具、三者の中では、天台の特色を最もよく表現する重要な概念である。この心性は、十法界（仏法界、菩薩法界、……地獄法界）を具している。心性と十法界は、具であるから縁起の在りようと言える。伝灯は、まだこの他に性具の説明を続けているが、略す。

天台性悪説の重要な概念である性具が、ここに登場している。この性具の意味を抑えることは、天台の性説を理解するためには重要である。この性具について、受教は、受教の『浄土生無生論親聞記』（『親聞記』）で、

一言性具之徳。現前一念。本来具足。反疑其無。　『淨土生無生論親聞記』（卍続・109・47ｂ）

一に性具の徳を言えば、現前一念（今現に、ふと生じた心、妄心である）に本来具足しているのである。これに反して、無いなどと言うことこそ疑わしい、と。性具は、現前一念に「心性即仏性」は具足していると。性具と言っても、我々と遠い存在ではないのだ。我々に、日常に、ふと生じる「現前一念心」に、性具は、具足されているのだ。

さて、天台の説く性説について、別の視点から考えることも大切なので、達黙の解説も紹介する。

下文論中所謂性体。性量。性具。性体。乃本具法身徳。性量。乃本具般若徳。性具。乃本具解脱徳。亦即三諦。常即中諦。寂即俗諦。光即真諦。即一而論三。即三而論一。故非横。非縦非横。不可思議。故名秘密蔵也。　『淨土生無生論会集』（卍続・109・80ａ）

下の文を論じる中で、性体、性量、性具と謂う。性体は、性に本来、具している法身の徳で、性量は、本来、具している般若の徳で、性具は、本来、具している解脱の徳のことである。さらに、三諦に相当すれば、法身の徳の性体・常は中諦に即し、性量・寂は、般若の徳の俗諦に即し、光は、性具・解脱の徳の真諦に即する。一に即して三を論じるから、縦ではなく、三に即して一を論じるから、横でもない。縦でもなく、横でもなく、不可思議で、それ故、秘密蔵という。ここで、「即一而論三」、「三即而論一」というのは、一と三が具の在りよう、縁起の在りようであることを示している。

さらに、伝灯は、性体、性量、性具の「此之三法」について述べる。

此之三法亦名三諦。性体即中諦。性量即真諦。性具即俗諦。『浄土生無生論』〈大正・47・381b〉

この性体、性量、性具の三法、中、真、俗の三諦（諦は、観・主観の対境）は、中観、空観、仮観の対境であり、此の三諦は、智顗によれば、円融しており、これを三諦円融と呼ぶ。性体、性量、性具もまた、円融している。この中で、性体、性量は、他宗も言うが、性具は、天台のみの独自の主張である。智顗の『摩訶止観』の中で、十界互具（夫一心具十法界。一法界又。具十法界。百法界。〈大正・46・54a〉）を述べているが、これは、一心中・一性中に十界、仏、菩薩、縁覚、声聞、天、人、修羅、餓鬼、畜生、地獄の十法界を具しており、仏法界には、菩薩……人……地獄の九法界を、人法界には、仏……菩薩……地獄の九法界を具している。十法界が互具していると、言う意味だ。この概念を基盤にして、一念三千とか性悪説が生れた。さように、三法の中で、性具は、他の二法と異なって、天台では独自の主要な概念なのだ。

伝灯が、『浄土生無生論』の中で、まず、この三法に触れたのは、上記の理由による。

さらに、伝灯は言う。

性体性量名菩提涅槃。即性具等名菩提涅槃。故曰。一真法性中具足十法界。依正本融通。

『浄土生無生論』（大正・47・381c）

性体、性量、性具を菩提涅槃という。だから、一真法性具十法界である。法性は、真如である。一（法）性中具十法界。この十法界とは、仏界、菩薩、縁覚、声聞、天、人、修羅、餓鬼、畜生、地獄である。この十法界には、実で善の仏法界と権で悪の、菩薩以下の九法界がある。この実と権と、この善と悪は、互具であり、それ故、ともに縁起の在りようをしている。「依正本融通」とは心身が正報、それが拠り所となる国土等の依報とが円融している、ということだ。

生仏非殊致。

『浄土生無生論』（大正・47・381c）

衆生と仏は異なるところが無い。この句は、衆生と仏が同じというのでは無い。衆生と仏は、本来、別の物である。だが、両者ともに、無自性であるから、衆生と仏は即である。具であり、縁起の在りよう[15]ということである。このように、縁起が、『浄土生無生論』の基盤なのだ。

正寂は『浄土生無生論註』（『註』）で次のように説明する。

一真法性者。真如法性也。『淨土生無生論註』（卍続・109・6ａ）

一真法性というのは、真如法性のことである、と述べている。

要するに、真如法性中に十法界を具足している、との論理なのだ。上記の説明と重複するが、重要なことなので、再度解説したい。一つの真法性中（真如法性中）に、十法界を具足していると言っており、一心中と言わず、一真法性中（真如法性）ということの意味は、何なのか。一心といえば、妄心を指すが、真如法性と言うからには、妄心では無い。一妄心ではなく、一真法性

---

15 問曰。此一真法界為初心是。為後心是。若初心是。応無七名。若後心是。応無九界。初後倶堕。立義不成。

おたずねする。この一真法界は、初心を正しいとするのか。後心が正しいとするのか。これは、「一真法界は、十法界を具足する」という文章で、一真法界と十法界との在りようで、初心を是とするのか、後心を是とするのか、とたずねているのだ。これに対して、伝灯は答える。

答曰。此正顕初心是。以初心是故。方有後心是。以後心是故。方顕初心是。『淨土生無生論』（大正・47・381ｃ—382ａ）

答える。正しく初心を顕わさば、初心を是とするから、まさしく後心の是もある。後心が是であるから、まさに、初心の是を顕わすと。

ここで論じている論理は、初心と後心とは前後の関係ではなく、初心が在るから、後心があり、後心が在るから初心が在るという、即の関係、具の関係、さらに、縁起の在りようなのだ。

に十界を、具足しているのである。一真法性中に、仏界、菩薩界、……人界、……地獄界を具足していると言っているのだ。仏界は、善で、菩薩界以下の九法界は悪だから、正寂の見解は、智顗の十界互具の説によれば、一真法性中に、善と悪を同時に具足している、一真法性中に、善悪が同時に存在していると述べているのだ。この説は、伝灯の性善悪説と同じだ。さすれば、智顗や知礼が「介爾の一念に十界を具す」と言っていることとは、同義なのか、それとも異なるのか。智顗の十界互具の思想によれば、「介爾の一念」[16]に十法界を具足しており、この十法界には、善の仏法界も、悪の人法界も存在しているから、「一真法性」と、「介爾の一念」も具であり、即であるから、正寂の解釈は、伝灯と智顗の思想とは矛盾しない。この点を別の視点から、伝灯の言葉を引用して論じる。

伝灯は、『性善悪論』の中で、

夫性者理也。性之為理。本非善悪。　　『性善悪論』（卍続・101・839b）

「性は理であり、本来善悪では無い」と論じていることに触れた。伝灯のこの見解に従えば、「真如法性」も「善悪では無い」ということになる。上記の「真如法性中。具足十法界也」の文意は、真如も、十法界も善悪では無い、ということであろう。なぜこのような論理が成立するのか、といえば、「真如法性」は、自性が無く、十法界も自性が無い。両者は縁起の在りようで存在しているから、「善悪では無い」と言えるのだ。何故なら、「善悪」とて縁起の在りようにすぎないからだ。この項では、伝灯の『淨土生無生論』の原文とともに正寂の『淨土生無生論註』と受教の『淨土生無生論親聞記』の二書を用いて検証する。伝灯の浄土思想を検証するには、この方法論の方が、便利で、わかり易いからだ。

伝灯の「初一真法界門」の原文は、

一真法性中。具足十法界。依正本融通生仏非殊致。

『淨土生無生論註』（卍続・109・6a）

真如法性中に十法界を具足する。依法（国土）正法（人・仏衆生）は本来融通し、衆生と仏の差異はない。

正寂の『註』。

一真法性者。真如法性也。十種皆称法界者。智者大師云。其意有三。一者十数皆依法界。法界外更無復有法。能所合称故言十法界也。二者此十種法分斉不同。因果隔別凡聖有異。故加

16 智顗の『摩訶止観』に「夫一心具十法界。百法界。……此三千在以一念心。若無心而已。」、「介爾有心即具三千。」。『摩訶止観』（大正・46・54a）

之以界也。三者此十皆即法界摂一切法。……當体即理。更無所依。故名法界。

『淨土生無生論註』（卍続・109・6ａ）

一真法性とは、真如法性のことである。十種の法界というのは、三つの意味があるという。これは、要するに、法界の当体が理であり、その他に何も無い。智顗は、だから法界という、と説明している。十種の法界というのは、真如の用、または事に該当する。だから、「理即事」「衆生（因位・事）即仏（果位・理）」であり、それ故に、「衆生具仏」でもある。それは、理も事も縁起の関係にあるから、言えるのである。衆生と仏の関係も同様である。伝灯の原文。

論曰。一真法界即衆生本有心性。

『淨土生無生論』（大正・47・381ｂ）

『淨土生無生論』に言う。一真法界と衆生の本来からある心性とは、即の在りようである。衆生心に本来真如を具している、と説く。

正寂の『註』は、伝灯の原文に、詳細に、彼自身の見解を付加している。

此論以無生立題。大槃以無生為本致也。言一真法界者。非惟指十萬億刹外之極楽。為言即十方仏刹生仏依正皆在裡許華厳蔵海亦其相也。……意指西方極楽依正之法當体。是吾人本有心性方契乎無生之旨也。

『淨土生無生論註』（卍続・109・6b）

この『淨土生無生論』は、無生を題としている。要するに、無生を根本としている。一真法界というのは、ただ十萬億土の外の極楽のことでは無い。いうなれば、十方仏土や仏と衆生は、皆ここ（吾人本有心性）にある。華厳の蓮華蔵世界もそのようなものだ。…中略…その意には、西方極楽の国土と仏の当体は、私の本来の心にあるというのが契っている。無生の要旨はこういうことだ。

正寂の解釈の要点によれば、伝灯の『淨土生無生論』は、「無生」を題とし、「無生」を根本としており、極楽の当体は、我が心にある。これが「無生」という意だ。と。このような指摘は、智顗の『淨土十疑論』の、

問。諸法体空。本来無生。平等寂滅。今乃捨此。求彼生西方阿弥陀淨土。豈不乖理哉。

『淨土十疑論』（大正・47・78a）

という考えに依拠している、と思われる。「捨此求彼」というのは、この心を離れて、ここよりはるか十萬億土の西方浄土を求める、という意である。

伝灯の原文。この文章は上記と同じものである。

論曰。一真法界即衆生本有心性。『淨土生無生論』（大正・47・381b）

一真法界は、そのまま衆生に本来具っている心のことである。

受教の『淨土生無生論親聞記』。

一真法界。約果而言。即諸仏之所証得。今約因而言。故曰衆生本有心性。是則衆生諸仏。惟約迷悟而分。若夫性体。則生仏非殊。……今指不二者。以為惟心淨土。本性弥陀。生即無生之論本。

『淨土生無生論親聞記』（卍続・109・42a）

一真法界を果について言えば、諸仏が証得した悟りである。今は因について言っているから、衆生が本来持っている心性のことである。（ここで心性と言っているのは、心のことである。）これは、衆生と諸仏を、単に、迷悟について分かつもので、若し、性の本体を言えば、衆生も仏も異ならないのである。…中略…今、不二を指せば、思うに、「惟心浄土、本性弥陀だ」と。伝灯は、ただ単に、「真如法界は、衆生の心に、本来存在している」と言っているのだが、正寂は、それを彼流に解釈して、「心が浄土であり、心の本性が弥陀だ」。と言っているこのような表現の方が具体的で、状況が目に浮かび易く理解し易い。しかし、「以為惟心浄土」、「本性弥陀」というのは、心そのものが浄土とか、心の本性が弥陀である、ということでは無い。心も浄土も、自性が無いから、縁起の在りようをしているとか、心も弥陀も無自性だから、両者は縁起の在りようだ、という意味だ。

伝灯は言う。

此即性具十界是為俗諦。……此即性体是為中諦。　『淨土生無生論』（大正・47・381c）

性具の十界を俗諦となす。…中略…性の本体を中諦となす。と。心に具している仏……人……地獄などの十界は、真如の随縁したものであるから、真如の修であり、俗諦だ。心に具している性の本体は、不変の真如であるから、中諦である。中諦は、抽象的な不変随縁の真如、俗諦は具体的な真如が随縁不変した姿を言う。

これについての受教の『親聞記』には下記のような俗諦の説明がある。

性具即俗諦者。以其具足十界。故能立一切法也。　『淨土生無生論親聞記』（卍続・109・44b）

性具即俗諦というのは、それに十法界を具足するから、一切の存在の在りようを成立することが出来るからである。と。

俗諦、つまり、あらゆる存在の在りようの真実即十法界が衆生の心性に具されていることを、性具という。と性具の意味を説明している。なぜ、性具という関係が、衆生の心と、十法界との間に成立するのかと言えば、両者に、自性が無く、両者が存在出来るのは、縁起の在りようをしているからだ。

正寂の『註』は、

次以依報。例同性体融。性具十界者。一家明具有理具三千。有事造三千。

『浄土生無生論註』(卍続・109・8b)

次に、依報・国土について考えると、例えば、性の本体は融通するから、性に十法界を具す。天台学では、具ということを明かせば、理具三千があり、事造の三千があるのだ。衆生の心に、本来、理が存在しており、その理に三千(真如)を具すから、本来的に理を具しているし、事にも三千は存在する。

理具の三千というのは、十界それぞれに他の九界を、本来具足しているという因位の在りようをいい、事造の三千というのは、人界が現起すれば、仏界を含む他の九界が冥伏する。地獄が現起すれば、仏界とともに九界が冥伏するという現象をいう。このような十界互具の在りようを、理・不変随縁、事・随縁不変のいずれから見るのか、視点の相違を言っているのだ。

ところで、正寂は、理具と事造について、こう述べている。

約性以明理具。故曰一真。此中即事以明理具。故曰縁起。『浄土生無生論註』（卍続・109・12b）

性から理具を明らかにすれば、真如をいう。事に即して理具を明らかにすれば、縁起という。彼は、理具も事造も縁起の在りようをしている、と考える。理具は事造によって存在し、事造は、理具を待って始めて存在することが出来る。

伝灯は言う。

故曰。一真法性中具足十法界。依正本融通。生仏非殊致。『浄土生無生論』（大正・47・381c）

真如法性中に十法界を具足するから、仏・衆生の正法も浄土・穢土の国土の依法も融通して、仏も衆生も異ならないのだ、と。

これが、伝灯の考えである。

身土縁起門

不変随縁と随縁不変の伝灯の記述について検証する。まず、「身土」とは、正報と依報のことである。だから、「身土縁起」とは、正報と依報が縁起であることを論ずるのだ。このことからも、伝灯の『淨土生無生論』が、縁起を土台としていることがわかる。では、文章の検証をおこなおう。

一真法界性不変能随縁。三身及四土悉由心変造。論曰。一真法界性即前文所明性体性量性具也。教中説真如不変随縁随縁不変者。正由性体性量即性具故。如君子不器善悪皆能。

『淨土生無生論』(大正・47・382a)

一真法界の性は、不変が随縁出来る。三身(仏身の三種、法身、報身、応身のこと)と四土(凡聖同居土：人、天の凡夫、縁覚、声聞の聖者が同居する国土。方便有餘土：見、思の煩悩を断じて三界の生死を出たものの生まれる所。実報無障碍土：中道の理を一分証した菩薩の土。常寂光土：仏の三徳の真仏土)は、すべて、心の変化造作による。といっても、心が、三身、四土を作ると言うのでは無い。当然、心と仏の三身や四土とは、能造、所造の関係では無い。心と三身、四土は、互いに関係することによってのみ存在しているのである。もし、心が無ければ、三身、四土は無く、三身、四土が無ければ、心も無いのだ。

『大智度論』に述べている。一真法界性即性体、性量、性具である。この叙述は、当然、一真法界と性体、性量、性具が同じものだと言うのでは無く、それぞれは、それぞれとして存在しながら、お互いの存在を待って、一真法界であり、性体、性量、性具であるのだ。一真法界性と性体、性量、性具は、縁起の在りようをしているのだ。仏の教えの中で、真如の不変随縁、随縁不変を説くのは、まさしく、性体、性量、性具によるからで、君子は自由で、善悪に自在であるようなものだと。

故晋訳華厳経云。能随染浄縁具造十法界謂真如性中所具九法界。能随染縁造事中九法界。真如性中所具仏法界能随浄縁造事中仏法界。所以能者。正由性具性若不具。何所称能。天台家言。並由理具方有事用。此之謂也。

『浄土生無生論』（大正・47・382ａ）

『晋訳華厳経』に述べている。染浄に随うことは十法界を具造することが出来る。真如の性中に具するところの九法界は、能く染縁に随って事中の九法界を造る。真如の性中に具するところの仏法界は、浄縁に随って、事中の仏法界を造ることが出来る。能というのは、まさしく性具による。もし、性を具せざれば、どうして能と言われよう。天台宗では言う。理具によって事用があると言うのは、このことを謂うのだ。

染浄の縁に随って、十法界がある。真如の性中に具せられている九法界は、染（穢れた）縁によって、事中の（悪の）九法界（菩薩、縁覚、声聞、天、人、修羅、餓鬼、畜生、地獄）が造られ、真如の性中に具せられている（善の）仏法界は、浄縁によって、清らかに造られる。「能」というわけは、まさしく性具によるからで、性が具せざれば、なにを「能」と言おうか。天台では、理具によって事用が在るというのはこのことを謂う。「理具によって、事用がある」とは、理は、不変のことで、事は随縁と同義だ。「具」があるから、不変随縁は、随縁不変を具しているし、不変随縁と随縁不変は縁起の在りようをしている。不変随縁によって、随縁不変が在るという意味と同じである。

是知事中十法界三身四土悉由真如随縁変造。既曰真如不変随縁随縁不変。則事中染浄身土当体即真。『浄土生無生論』（大正・47・382 a）

このことは、事中の十法界、三身、四土は、すべて真如の随縁変造であることを知る。既に真如の不変随縁、随縁不変を言う。伝灯は、事の十法界は、真如の不変が随縁したものだと言うのだ。

そこで、彼は、

弥陀已成吾心當果。悉由心性之所変造。心具而造。豈分能所。即心是仏。即仏是心。即心是土。即土是心。即心是果。即果是心。能造因縁及所造法當処皆是心性。故明此宗而求生楽土者。及生與無生両冥之至道也。

『浄土生無生論』（大正・47・382b）

弥陀は既に私の心の未来の仏果を成就している。すべて心性が変造されたことによる。心具であり造である。どうして能所を分かとうか。心に即して仏であり、仏に即して心であり、心に即して土であり、土に即して心であり、心に即して果であり、果に即して心である。能造の因縁と所造の法の当処は、皆、心性である。だから、この宗で楽土に生まれることを求めることを明せば、生と無生とは、二つの冥の至道である。

この段落の要点は、弥陀は私の心の未来の仏果を既に、成就している。心に即して仏であり、仏に即して心である。能造の因縁と所造の法の当処が皆、心性であるというのだ。

心土相即門

介爾の妄心

さらに伝灯は、ここに登場する心と土（国土）の在りようについて「相即」とは、いかなる意味か。心と土は、「即」の関係にあるというのだ。心と土は、同じものでは無い。異なったもの同士が相即しているとは、天台では、「具」の関係にあるということで、さらに言えば、縁起の在りようである。この点を、伝灯は、次のように説明する。

言介爾心者。即凡夫念仏之心也。刹那之心至微至劣故称介爾。

『浄土生無生論』（大正・47・382b）

介爾心というは、凡夫の念仏の心である。刹那に生ずる心であり、極めて微かで、極めて劣悪であるから、介爾という、と。介爾心は、「極めて劣悪」といっているから、妄心なのだ。伝灯が、これまでも、今後も論ずる心とは、この介爾の、微かで、劣悪な心であって、真心などではない。心性と称する時も、凡夫のこの心のことである。智顗以来、知礼もまた、心と言う場合は、凡夫の介爾の心を言う。

正寂の『註』の解釈について述べる。

介爾者。言其心之微。刹那者。明其時之速。……介爾者。猶言蕞爾也。[17]

『浄土生無生論註』（卍続・109・15b）

介爾というのは、その心の極めて微かなことをいう。刹那とは、その時の速やかなことを明かす。介爾とは、極めて微かで、短い時間を言うが、実のところは、量の微小、時間の長短だけを言っているのではない。否、むしろ、介爾とは、空間と時間を超越した存在だと言いたいのだ。この言葉は、伝灯の『淨土生無生論』の、

言介爾心者。即凡夫念仏之心也。　『淨土生無生論』(大正・47・382b)

の注釈で、凡夫が仏を観念する時の「かりそめの心の動きである」から、計測出来るような空間・時間では無い。伝灯の次の言葉を読めば、このことは明らかになる。

謂十萬億遠之仏土。居於凡夫。介爾之心。即心是土。即土是心。　『淨土生無生論』(大正・47・382b)

十万億の仏土に居る凡夫の介爾の心を謂う。介爾の心はそのまま浄土であり、浄土は、そのまま介爾の心である、と。ここの即は具を意味し、介爾の心は仏土を生じ、仏土は、介爾の心を生ずる。即ち、介爾心具十万億の仏土である。十万億の仏土具介爾の心である。このように、順逆ともに成立するのが「具」であり、このような、「具」の関係が成立するのは、「介爾の心と仏

17　蕞爾：きわめて小さいこと。

土」とはともに、自性は無く、縁起の在りようだから、さらに、十萬億土の彼方に在ると言われる浄土も、実は、介爾の心に存在するのだ。

この文章に対する受教『親聞記』は、これを裏付けている。

十萬億土。言其遠也。大也。介爾妄心。言其近也。小也。即心是土。則小者。近者之心。而即是極遠極大之仏土。即土是心。則大者遠者之仏土。即是最促最劣之妄心。有何彼此異哉。

『浄土生無生論註』（卍続・109・54b―55a）

十萬億土の浄土は遠く大きい。介爾の妄心は自己の心であるから近く小さい。心に即して浄土。（介爾の妄心具浄土）。だから、小さく近い介爾の妄心即極遠極大の仏土である（介爾妄心具仏土）。この介爾の妄心は浄土を具している。仏土は大きく遠いが、最促最劣の妄心と即の関係（具の関係）にあるということは、どうして、このことと異なることがあろうか。何故このように言えるのか、というと、両者が無自性で縁起の関係にあるからだ。

受教は、介爾の妄心が仏土と「具」の関係にあることを、「即」という言葉で表現した。介爾妄心が浄土を生ずるのでは無い。また、浄土が介爾の妄心と等しいのでもない。介爾妄心が本来、浄土と具の関係にあり、縁起の関係にあるから（彼は「具」を「即」という言葉で表現している）、このような関係が成立すると言うのだ。

生仏不二門

阿弥陀仏と凡夫

次に伝灯は「生仏不二門」の中で、迷悟について述べる。生とは、衆生のことで、衆生と仏は、それぞれ別個のものだが、不二というのは、同一という意味ではない。お互いに自性が無いから、別個のものだが、「不二」であるとは、縁起の在りようをしているというのだ。

阿弥與凡夫迷悟雖有殊。仏心衆生心究竟無有二。『淨土生無生論』（大正・47・382b）

阿弥陀仏と凡夫は、悟りと迷いの違いはあるが、とどのつまりは、仏心と衆生心は、結局、一つである。と。何故か。

次の段落に、具体的な説明が在る。興味深いのは、ここに、伝灯の阿弥陀仏観、凡夫観、そして、両者の関係が明示されていることだ。その根幹を貫いているのは、縁起思想である。だから伝灯は述べる。

阿弥與凡夫迷悟雖有殊。仏心衆生心究竟無有二。『淨土生無生論』（大正・47・382b）

と。この文章によれば、「阿弥陀仏」と「凡夫」には、迷悟の異なりが在る。同一では無い。だが、両者とも、仏説によれば、無自性且つ縁起なのだ。それぞれが、それぞれとして、孤然として存在しているのでは無いから、「仏心衆生心。究竟無有二」なのだ。同一では無いけれども不二という関係は、縁起の在りように他ならない。

さらに言う。

蓋諸仏乃悟衆生心内諸仏。衆生乃迷諸仏心内衆生。所以悟者。悟衆生本具性体性量性具也。所以迷者。迷諸仏所証性体性量性具也。……故衆生本有性体即諸仏所証法身。性理即報身。性具即応身。……故弥陀即我心。我心即弥陀。未挙念時。早已成就。纔挙心念。即便円成。感応道交為有此理。故念仏人功不唐捐。

『浄土生無生論』（大正・47・382c）

法界為念門

伝灯はまた、言う。

法界円融体作我一念心。故我念仏心全体是法界。

『浄土生無生論』（大正・47・382c）

と。思うに諸仏は、衆生心内の諸仏を悟り、衆生は、諸仏心内の衆生に迷う。悟りの理由は、衆生が本来具有している性の本体と性量と性具を悟るのである。迷う理由は、諸仏が悟った、性体、性量、性具に衆生が迷うからである。…中略…だから、衆生本有の性量は、諸仏所証の法身、性体は、報身、性具は、応身である。…中略…故に、弥陀は、すなわちわが心、我心はすなわち弥陀である。まだ思いの起こらない時、はやくも既に、証は成就しており、微かでも心の思いが起こる時、直ちに悟りは円成する。感応道交には、この理がある。故に念仏の人の行為は虚しく捨て去られることは無い。

法界は体が円融して、私の一念心を作る。だから、私の念仏の心の全体は、法界である。と。法界とは、法の行き渡る範囲のことだ。法とは、存在の在りようを言う。従って、存在の在りようの行き渡る範囲は、私の念仏の心だ、と。

伝灯のこの論理（諸仏乃悟。衆生心内諸仏。衆生乃迷諸仏心内衆生）では、仏と衆生は、縁起の関係、具の関係だとわかる。衆生が悟る所以は、衆生に本具されている、性体、量、具を悟ることで、迷うのは、諸仏所証の性体、量、具に迷うからだ。故に、弥陀と衆生の関係は、我心の弥陀、弥陀心の我である。そして、衆生の悟りは、「未挙念時。早已成就」しているのである。と。こう結論づけられるのは、弥陀と衆生が「互具」の関係、弥陀が存在することによって、衆生も存在する。衆生が存在せねば、弥陀も存在しないという、縁起の関係にあるからだ。このことは、伝灯の止観の体験に基づく。主体にとっての場での止観の体験は、吾が心を、我心で観じているからで、己心の外には、何物も存在しないことが理解出来よう。

伝灯の言葉である。

是故行者念仏[18]之時。此心便是円融清浄宝覚。

『浄土生無生論』（大正・47・382c）

だから行者が、念仏する時、この心は、そのまま直ちに円融して、清らかな覚りとなる、と。

伝灯は、「法界為念門」の中で、次のように述べているから、知礼の念仏観に沿っていることがわかる。

法界円融体作我一念心。故我念仏心全体是法界。……行者称仏名時。作仏観時。……一心不乱時。散心称名時。……凡此有心皆由真如不変随縁而作。全体即法界。故法智大師云。法界円融不思議体作我一念之心。亦復挙体作生作仏作依作正。若然者。餘心尚是。況念仏心乎。是故行者念仏之時。此心便是円融清浄宝覚。

『浄土生無生論』（大正・47・382c）

伝灯は考える。法界の体は円融して我一念心となる。だから、我念仏心の全体が法界である。行者が仏名を称えたり、仏を観察する時、一心不乱であったり、心が乱れて称名する時、およそ、これは、皆な真如による不変随縁によってなされるのだ。全体が法界に即している（具している）からである。だから、法智大師（知礼）は云う。「法界は円融するので、不思議の体は、我一念心となる。亦体を挙げれば、衆生となり、仏となり、依法となり、正法となる。もし念ずれば、餘の心も、そうなる。況や仏心においておや。このような理由で、行者が念仏する時、その心は、円融し清らかな宝のような覚である」と。

要するに、伝灯の考えでは、法界は我心を具しているから、行者が、一心不乱であろうと、散心であろうと、仏を観察する時、真如は不変随縁してその心となる。知礼は云う。「法界は円融するから、我一念心となり、法界の体を挙げれば、衆生となり、仏となり、況や一念の心となるから、その心の状態がいかようであれ、行者が仏を観察すれば、真如は随縁して、行者の心となるから、心は円融して、覚るのだ」と。このように、伝灯の念仏は、知礼の影響を受けている。

境観相呑門

境とは、所観の対境、止観の対象である。観は、能観で、止観する主体のこと。この能観と所

18　念仏：称名念仏、観想念仏、実相念仏があるが、ここでは、天台の実相念仏の意。仏の法身非有非空中道実相の理を観ずる。

観が相呑である。これは、互具しているというのだ。観と境は、別個のものだが、自性がないから、具の関係にある。だから、即の関係、縁起の在りようをしていることにもなる。

論曰。境観相呑者。正由事事無碍也。事事所以無碍者。所謂有本者如是也。蓋由法界円融不思議体。作我一念之心。亦復挙体作生作仏作依正。既皆全体而作。有何一法不即法界。……以境為事。則観為理。理能包事。是為以観呑境。以観為事。則境為理。理能包事。是為以境呑観。若観若境。或一為事。餘為理。或一為理。餘為事。彼此互各相呑。

『浄土生無生論』（大正・47・382c―383a）

『大智度論』に述べている。境観相呑というのは、まさしく事事無碍によって起こる。事と事が無碍であるわけは、本があればそのようになるのだ。思うに、法界が円融して不思議境となることにより、私の一念の心を作り、さらにまた、体によって、衆生となり、仏となり、依報・正報となる。皆、すでに体をまっとうすることにより、そうなるのだ。どんな法でも法界に即（具）さないものがあろうか。

三観法爾門

次に、「一心三観」と「一境三諦」について論ずる。後述するが、知礼も『仏説観無量壽仏経疏妙宗鈔』『疏妙宗鈔』の中で、やはり、「一心三観」、「一境三諦」について触れている。三観というのは、空観、仮観、中観で、主体の側からの論述で、三諦は、真諦、俗諦、中諦の主体によって観察される側、についての論述である。空観は真諦と、仮観は俗諦と、中観は中諦と相応する。具体的なことは、下記の伝灯の記述に出ている。「法爾」というのは、「自然」とは、「自ずと、あるいは、自然に」ということだ。「一心三観」、「一境三諦」の関係や在りようは、自然なのである。「即」の意味と考えてよい。本文の引用文が長いので、要旨を書き、コメントする。

能観為三観。所観即三諦。……論曰。三諦者真俗中也。三観者空仮中也。忘情絶解莫尚乎真。随縁応用莫尚乎俗。融通空有莫尚乎中。虚霊不昧。此吾心自空者也。物来斯応。此吾心自有者也。空有相即。此吾心自中者也。此性也非修也。三諦也非三観也。修之者称性照了也。故体達此心空洞無物。謂之空。照了此性具足萬法。謂之仮。融通二辺不一不異。謂之中。然則即虚霊而応物也。即応物而虚霊也。空即仮中也仮即空中也。中即空仮也。是称性而修也。絶待而照也。不思議之三観也。

『浄土生無生論』（大正・47・383ａ）

観察する主体を三観、観察の対象を三諦とする。論じて言えば、三諦は、真諦、俗諦、中諦である。三観は、空観、仮観、中観だ。空観の対境は、真諦、仮観の対境は、俗諦、中観の対境は、中諦だ。真諦は、情念を忘れ、解釈することが出来ない境地、俗諦は、真如が随縁して物に応じるはたらきであり、中諦は、空仮融通の境地、空仮を超越しつつ、空仮を包含する、空仮を具している境地だ。つまり、心体が霊妙だから、心用はすべての真理に通じる。己心は、本来、空だから、あらゆる存在に対応することが出来る。己心は、本来、仮だから、この空と仮は、相即、つまり具の関係にあるから、己心は、中である。性は修ではなく、三諦は三観ではない。修は性を余すところなく照らすから、この心の本体を窮めれば、空洞無物であるから、空という。この空は抽象的であり、この性を窮めれば、あらゆる存在の在りようを具足するから、仮という。仮は具体的である。空と仮を融通して、同とか異とかを具しているから、中という。だから、心の本体を窮めて、存在に対応することが出来るし、存在に対応することが出来るから、心の本体を窮めることが出来る。その意味で、中は、抽象と具体を具備している。さらに亦、天台では、空仮中、真俗中の三観円融、真俗中の三諦円融をいうから、空は、仮と中を具しており、仮は空と中を具しており、中は、空と仮を具しておる。これを、性と修という。待対を絶しながら、そのまま待対を窮めるから、不思議の三観という。ここでは、真俗中諦の境に対応する空仮中の三観は、それぞれ具の関係にあり、不思議の三観なのだ、と。

別の視点から論じると、天台では、抽象と具体の相即、互具、縁起を説くのだ。その根拠は、抽象も具体も無自性だからだ。

さらに、伝灯は続ける。

物吾心之物也。何仮而不空。心萬物之心也。何空而不仮。即心即物。即物即心。何中而不空仮。是以観極楽依正者。以吾心一観之三観。照彼一境之三諦。無不可者。以吾三観之一心。照彼三諦之一境。亦無不可者。虎渓大師云。境為妙仮。観為空。境観雙忘即是中。

『浄土生無生論』（大正・47・383b）

物は、わが心の物である。どうして仮が不空だろうか。心はあらゆる物の心である。どうして空が不仮であろうか。心によって物があり、物によって心がある。どうして中が空仮で無いことがあろうか。だから、極楽の依正（仏とその国土）を観察すれば、私の心が観察する三観（空観、仮観、中観）によって、あの観の観察の対象である三諦（真諦、俗諦、中諦）を照らかにすれば、不可能なことは無い。私の三観の一心は、あの三諦の一境を明らかにする。さらに亦、不可能なことは無い。虎渓懐則大師は述べている。境は、すぐれた観となり、観は空となり、境も観も二つながら忘じれば中である。（真理を窮める。）

要するに、心具物。吾心具一観。吾心具一境。一観具三観。一境具三諦。これらすべては縁起の関係にある。懐則の説は、主体の観は、空であり、その対象の境は、妙仮（中）であり、さらに、この空、仮、中の三観も真、俗、中の三諦も円融するから、「境観雙忘して中である」と。

この観は、『仏説観無量壽仏経』に説く念仏（ここで言う念仏は、称名念仏ではなく、観念念仏）のことで、伝灯は、臨終の行者が散心であっても、十念によって、弥陀に救われる、と考えている。それは、観が不思議の観であり、観も境も互具互融しており、両者が縁起の関係であるだけでなく、弥陀と行者も亦縁起の関係だからである。上記の二文は、知礼の『疏妙宗鈔』の「観於心性。心性易発。所言心性。具一切法。……即心是法。即法是心。能造因縁及所造法。皆悉當処全是心性。是故今観」と、「能観皆是一心三観。所観皆是三諦一境。……一切諸法皆是仏法」に依拠したものである。

感応任運門

任運とは、自由自在と言う意味である。感応とは、仏と衆生が、お互いに、感じ合い、応じ合うことだ。伝灯は言う。「我心（衆生心）感諸仏。弥陀即懸応。天性自相関」と。私が弥陀を感ずれば、直ちに弥陀も私の感に応じる、ということだ。「天性自相関」というから、弥陀と衆生は、本来、お互いに関係し合うことによって存在している。もしも、仏と衆生が「相関」しないならば、仏も衆生も存在しない。「相関」するから両者ともに存在しているのだ。縁起の在りようなのだ。此の感応について、伝灯は、「任運」と言っている。これは、特殊なケースではない。自由自在であり、普遍的な出来事なのだ。「任運」とは、少なくとも、伝灯においては、そのような概念である。この段落では、天台の特色である「具」も述べられている。

諸仏是衆生心内諸仏。衆生是諸仏心内衆生。　『浄土生無生論』（大正・47・383b）

仏の側から論ずれば、衆生というものは、仏心に内具しているところの衆生であり、衆生の側面から見れば、仏とは、衆生心内に具している仏なのだと。

ここに、仏と衆生は、互具しているのだ。衆生とは、十法界について言えば、菩薩、縁覚、声聞、天、人、修羅、餓鬼、畜生、地獄の迷いの九法界だ。悟りの仏と合わせて十法界となる。仏と衆生が互具しているから、この十界は互具である。さらにいずれの一法界を取り出しても、仏界が存在している。現起しているか、冥伏しているかの相違はあっても、存在はしているのだ。たとえば、仏法界を取り出せば、その他の九法界は冥伏して、仏法界が現起しており、現起、冥伏の相違はあっても、確かに存在している。地獄法界を取れば、仏法界を含む九法界は、冥伏していて、地獄法界は、現起している。現起と冥伏は異なれども、これら十法界は、存在している。故に、「諸仏是衆生心内諸仏。衆生是諸仏心内衆生」ということが可能になる。この思想を発展させれば、仏法界は善で、その他の九法界（衆生法界）は悪だから、いずれの一法界を取り出しても、現起と冥伏の相違はあるが、善悪が存在している。一性中に善悪が在る。故に、ここでは、伝灯の「性善悪説」が成立しているのだ。

我心感諸仏。弥陀即懸応。天性自相関。如磁石吸針。論曰。諸仏衆生同一覚源。迷悟雖殊。理常平等。故曰。諸仏是衆生心内諸仏。衆生是諸仏心内衆生。『浄土生無生論』（大正・47・383b）

私の心は、諸仏を感ずれば、弥陀は、ただちに私の心に応じる。天性に自ずと相関するのは、磁石が針を吸引するようなものだ。『大智度論』に述べている。諸仏と衆生は、同一の覚源を持つ。（同一覚源から、諸仏と衆生は出ている。）弥陀と衆生は、縁起の在りようをしているから、このように表現しているのだ。弥陀と衆生は、迷悟という点では異なるが、理においては、常に平等である。縁起の在りようだから、弥陀が無ければ、衆生は無く、衆生が無ければ、弥陀も無いという意味で、弥陀と衆生が全く平等だ、というのでは無い。当然、弥陀は仏であり、衆生は凡夫だから、平等なはずは無い。だが、両者が、縁起の在りようをしている点で、平等と述べているのだ。だから、弥陀は衆生心内の弥陀であり、衆生は、弥陀心中の衆生なのだ。ゆえに、弥陀と衆生は、同一覚源だというのだ。

彼此恒一門

彼此とは何か。伝灯の下記の文によれば、此は、吾一心、彼は、西方極楽世界のことだ。この両者が「恒一」、恒に一つだという。恒に、吾一心即極楽世界という意味である。天台では、「即」

は、「具」と同義だから、「吾一心に西方極楽世界を具している」と伝灯は考えている。その思考の根底には、智顗の『摩訶止観』に説かれている十界互具思想、[19] さらに縁起思想が在る。

若人臨終時。能不失正念。或見光見華。已受宝池生。……蓋西方極楽世界乃吾心之一土耳。娑婆世界亦吾心之一土耳。約土而言。有十萬億彼此之異。約心而観。原無遠近。……故楞厳経云。臨命終時。未捨暖触。一生善悪倶時頓現……法智大師云。須知垂終自見坐金蓮身已。是彼国生陰。亦此意也。

『浄土生無生論』（大正・47・383ｃ）

現未互在門

「現未」というのは、現在と未来という意味だ。現在と未来が「互在」、つまり、互具して存在するということである。現在と未来が、お互いの存在を待って、在ることが出来る（存在出来る）のだ。もしも、現在が無ければ、未来も無い。現在が在るから、未来も存在するのだ。お互いが関係することによってのみ、お互いの存在が可能になる。現在と未来は、縁起の在りようを

19　夫一心具十法界。一法界又具十法界。百法界。一界具三十種世間。百法界即具三千種世間。此三千在一念心。若無心而已。介爾有心即具三千。『摩訶止観』（大正・46・54ａ）

している。『淨土生無生論会集』では、「全修在因中有果」と述べ、現在の「因中」に、未来の「有果」なのだと。

以上が、伝灯の『淨土生無生論』を、正寂の『淨土生無生論註』、受教の『淨土生無生論親記』、達默の『淨土生無生論会集』の注釈を借りて検証して、私なりに伝灯の浄土思想と知礼との見解の関係をまとめたものである。

行者今念仏功徳不唐捐（失わない）。因中已有果。如蓮華開敷（遍く開く）。論曰。円頓教人頓悟心性。無修而修修彼楽邦。性中所具極楽由修顕発。……仏法生法正法依法因法果法一念円成。是以念仏之人名為全性起修全修在性。全性起修雖名為因。全修在性因中有果。以所具因法與所具果法同居一性。心性融通無法不摂。故如蓮花開敷花中有果。……即今念仏之心便是当来華池受生時。故説。初発心人極楽宝池已萌蓮種。

『淨土生無生論』（大正・47・383c―384a）

行者は、いま、念仏の功徳を失わない。因（衆生心）中に既に仏果が在るからだ。蓮華の花が、すべて開くように。『大智度論』に述べている。円頓教は、人にその心性を頓悟させるから、無修にして修であり、かの楽土を修めさせる。性の中に所具されている極楽を、修（行為）によって顕示し、発現する（外に現す）からだ。……仏法、衆生法、正報、依報、因位の法、仏果の法を一念心に円満に成就しているから、それ故、念仏の人を、本性を窮めて修（行為）を起こし、修（行動）を窮めることによって、本性があるのだ。本性を窮めて修（行動）を起こすことを、因と言うけれども、修（行動）を窮めるのは、因の中に仏果が在るからだ。所具の因法と、所具の果法が、一つの性中に同居している理由は、心性が融通無碍で、あらゆる法を摂するからだ。だから、蓮華が開くと、花中に果（実）があるのだ。……念仏の心に即すれば、直ちに、未来に、極楽に生まれる。故に、初めて発心する人は、既に、極楽に生まれる種が在ると説くのだ。

人に、その心性を頓悟させるから、性の中に所具されている極楽を、修によって、顕示し発現する。仏果の法を一念心に円満成就しているから、因中に果が有り、所具の因法と所具の果法は、一つの性中に同居しているのだ。それ故、初発心時に、本来、衆生の成仏は決まっているのだ。

結語

この結語は、伝灯の浄土思想論、『淨土生無生論』の論述に対するもので、この論文全体を結ぶものでは無い。それについては、後序の項で述べる。幽渓伝灯の『淨土生無生論』は、彼が、天台教学について論じた『性善悪論』と、論理構造、思想において密接な関係を持っている。実は、この二つの論文は、東京大学の修士論文だったものを、出版に際して、二つに分けたものである。前者は、この本に取り入れ、後者は、『天台教学』として、書籍化することにしたからである。何故か。『性善悪論』の主要テーマは、知礼の「天台性悪説」の再検討を企図したものである。従来、天台性説の主流をなしていた「性悪説」に対して、伝灯は疑問を提示し、彼自身の、新しい見解を示した上で、知礼の見解を批判したものであるが、『天台教学』の中で詳説したので、ここで改めて触れない。これに対して、『淨土生無生論』の方は、主題が、伝灯の浄土論であり、その思想内容を検証すると同時に、これに影響を与えた智顗や知礼の著書との関連を論述するために著したものである。修士論文のテーマは、ことほどさように、大きな主題を包含していたから一冊の本にまとめることに困難を覚えた。異質な問題を、一つの論文に取り扱っていたからでもある。それゆえ、二冊に分割して、一方を、天台教学に限定し、他方を、天台の浄土思想に特化して見ると、いかにもすっきりしたように思う。これが、『天台学者の浄土思想』を今回上梓した理由である。

では、伝灯の『淨土生無生論』の内容を検証して行きたい。まず、この本の形式について論じる。形式が内容を規定するからである。彼は、この論を、十に区分して、構成している。一真法界門、身土縁起門、心土相即門、生仏不二門、法界為念門、境観相呑門、三観法爾門、感応任運門、彼此恒一門、現未互在門だ。見てのとおり、「法界」、「縁起」、「相即」、「不二」、「為念」、「相呑」、「法爾」、「任運」、「恒一」、「互在」等のことばは、広義に解釈すれば、「縁起」を表す二字熟語だ。伝灯の『淨土生無生論』の論述の根底には「縁起」の概念が流れていることを認めざるを得ない。さらにまた、この「縁起」は、天台の主要な概念でもある「具」と表現してもよい。否、むしろ、表面的には、「具」や「即」が論じられて、「縁起」は、伝灯の言葉を借りて表現するならば、天台教の著作の中では、冥伏している。だが、隠れてはいるが、存在しないのでは無い。通奏低音として、天台教学を、幽渓伝灯の学説を補強しているのだ。それは、この本の題名を、『浄土生無生論』としたのは、表面的には「具」を押し出しながら、裏面では、「縁起」を論じるという伝灯の意図が充分うかがえる。この本の内容については、本論で、達黙、正寂、受教の注釈を参照しながら詳説しているので、再度、論じない。この本の要点の一部は、後序で触れる。だが、下記の点は、その性格上、あえて取り上げた。その意図を汲んでいただきたい。

最後の段落で大切なことは、「因中已有果」と言っていることだ。「我々衆生が、仏になることは、既に決定事項だ」、と伝灯は考えており、「性中所具の極楽」を修（仏の行為）によって顕されると述べている。その理由は、「仏法、衆生法、正報、依報、因法、果法が、一念心に円満成就しているからだ」。その説明として、「心性融通無法不摂」、「蓮華花開敷花中有果」という言葉を記述しているのだ。「現未互在門」の記述の中で、「以所具因法與所具果法同居一性」の句は、彼の『性善悪論』で、「一性中在善悪」とつながって行く思想である。この『浄土生無生論』は、『性善悪論』の浄土版と考えてよいのではないか。『浄土生無生論』の内容の要点については、ここでは触れず、後序で、要約して記述する。重複を避けるためだ。

第二章　智顗の浄土思想

第一節　智顗の履歴

智顗は、中国天台教学の実質的開祖である。彼の著書は、ほとんど口述で、章安灌澄の筆記になる。著書は多数で、教学と実践、止観にわたる。著名な弟子は章安灌澄で、釈迦と阿難の関係に類似している。この論文では、時代が大きく離れた、明末の幽渓伝灯を取り扱っているので、智顗の出番は少ない。序論で、縁起と無自性に関する『摩訶止観』からの引用と、伝灯の『淨土生無生論』に与えた、彼の影響を検証したにすぎない。だが、引用文の重要性は、単なる量の問題ではなく、質に関わるので、その面では、無視出来ないものがある。

私が序論で、お断りした二点は、すべて智顗の教学と実践に関わるものだからである。伝灯教学の基盤は、智顗の教学の底流となっている、無自性と縁起であり、伝灯教学の立ち位置は、智顗が論じている、「心仏衆生の三法無差」、「衆生法は、はなはだ広く、仏法は、はなはだ高く、止観の初心者には、己心を観ずるのが、容易であること」、「止観では、介爾の妄心こそ能観であり、所観となること」などは、千年の時を経ても、何ら変わることは無い。なお、智顗の経歴については、安藤俊雄氏の『天台学』[20]のものが、よくまとまっているので、下記を借用した。

「智顗は、梁武帝の大同四年に、荊州華陽に誕生した。十八歳の時、湘州果願寺の法緒について出家した。知礼の七歳に比べれば早いとは言えない。だが、智顗の実質的な師は、大蘇山の慧思である。二十三歳になっていた。光大三年三十歳。慧思は南岳に移り、智顗は金陵へ。瓦官寺に八年滞在す。陳の大建七年三十八歳。天台山に入る。至徳三年四十八歳の時、陳帝の招きで金陵に入る。隋の開皇十一年。五十四歳。晋王広から智者大師号を贈られた。開皇十三年『法華玄義』を説く。同十四年『摩訶止観』を講義した。開皇十七年十一月二十四日六十歳で逝去」。

主な著書
『摩訶止観』
『法華玄義』

『法華文句』
『観音玄義』
『浄土十疑論』
『観音義疏』
『金光明経玄義』
『金光明経文句』
『仏説観無量壽仏経疏』
『維摩経玄疏』
『四教義』
『四念処』
『仏説阿弥陀経義記』
『六妙門』

20　安藤俊雄『天台学』26―31頁、平楽寺書店、一九九六年刊。

第二節　『淨土十疑論』

伝灯以前の浄土関係の著作で、彼の『淨土生無生論』に最も大きな影響を与えたのは、天台大師智顗の『淨土十疑論』であろう。この書は、『淨土生無生論』同様、短編であるが、浄土論としては著名で、宋代の澄彧の『注十疑論』がある。本論文では、智顗の原文を検証するにあたり、澄彧の注を参照したい。理解を容易にするからだ。

智顗の『淨土十疑論』は、書題の通り、第一疑、第二疑……第十疑、と、このように十疑で構成されている。内容は、自問自答形式になっており、智顗が重要だと思うテーマについて問いを発し、これに対して、智顗自身の考えを回答として述べているから、勿論、答の部分が重要だ。

この文章は、次のような記述で始まっている。

問曰。諸仏菩薩以大悲為業。若欲救度衆生。秖応願生三界。於五濁三塗中。救苦衆生。因何求生淨土。自安其身。

『淨土十疑論』（大正・47・77b）

諸仏菩薩は、大悲によって活動をして、衆生を救わんとして三界に願生して、五濁三塗の中で苦しんでいる衆生を救おうとしているが、わざわざ浄土に生まれているのに、どうして自身の身の安楽を求めないのか、と。

答。釈有二義。一者総答。二者別答。総答者。汝若言求生西方弥陀浄土。則是捨此求彼。不中理者。汝執住此。不求西方。則是捨彼著此。此還成病。不中理也。

『浄土十疑論』（大正・47・78a）

二種類の解釈がある。一は、総答。二は、別等。総答というのは、あなたが、若し西方弥陀の浄土を求めるならば、こっち（此土）を捨てて、あっち（浄土）を求めることは、中（天台最高のもの）の理ではない。あなたは、此の土に居ることに執著して、西方を求めないからだ。浄土を捨てて、此の土に執著することは、かえって誤りとなるから、中の理では無い。ここで、伝灯は、いずれの場合も、往相（浄土に往生すること）もしくは、還相（浄土往生をした仏が、衆生済度のために此の土に還ってくること）のみで、往相と還相がそろっていないから（仏には往相と還相の両者が具備している）、天台の「中」（最高の円妙の境地）では無いと切り捨てている。

『浄土十疑論』序に楊傑は述べている。

阿弥陀仏與観音勢至。乗大願船。泛《はん》生死海。不著此岸。不留彼岸。

『浄土十疑論』（大正・47・77a）

阿弥陀仏は、浄土にも娑婆にも留まらず、衆生済度に駆け回っているのである。往相と還相に励んでいるのだ。

二別答者。夫不生不滅者。於生縁中。諸法和合。不守自性。求於生体。亦不可得此生。生時無所従来。故名不生。『浄土十疑論』（大正・47・78ａ）

別答とは、かの不生不滅とは、縁より生ずるなかで、諸法が和合する。（縁起によって存在していることをいう。）自性を守らず（無自性のこと）、体を生ずるを求めず。（本体さえ無自性である。）さらにまた、この生は得られない。生ずる時よって来るところは無い。だから不生というのだ。

楊傑は、「不生不滅」のことを、「無自性」、「縁起」と同義だと考えている。これは、おそらく智顗の考えだろう。『淨土十疑論』序の冒頭に、「無自性」と「縁起」に触れているのは、この書の根底に、無自性、縁起思想があることを示唆しているのだ。

二に別答とは、かの不生、不滅というのは、縁起によって生ずる場合、諸法は和合して（縁起の在りようで）在るから、自性を保つことは出来ない（無自性）。生の本体を求めても得られない。この生が生ずる時は、やって来るところは無いから、不生という。不滅というのは、諸法が離散する時（不変の真如が随縁して機に応じる時）、自性は無い。我（が）が散じ滅する（無我）時、到るところは無いから、不滅という。これを因縁生（縁起）の外とは謂わない（縁起の在りようだ、ということ）。別に不生不滅はある。さらに亦、浄土に生まれることを求めないのでは無いので、不生という。

この問答で重要な点は、まず、仏は、厳しい修行をした結果、ようやく安楽な浄土に生まれることが出来たのに、何を好んで、わざわざ娑婆に還相するのか。衆生済度が、仏の仕事であるからだ。此の回答は、総答にあたる。仏の浄土往生には、往相と還相[21]の二種類がある。往相というのは、浄土に生まれて往生することで、還相というのは、浄土から娑婆に還って来て、衆生済度をすることをいう。不生不滅（往相と還相）の道理が成立するのは、この仏の行為が無自性、縁起であることによる、というのが別答の主旨だ。

楊傑は、浄土往生[22]について『仏説阿弥陀経』と『仏説無量壽経』を引用して次のように述べる。

21　親鸞の『真実教行証文類』（西本願寺版『浄土真宗聖典』135頁）にある著名な言葉。

22　楊傑の『仏説阿弥陀経』の引用した個所は、親鸞の説く他力念仏とは異なり、念仏に力用と弥陀の来迎による救済は他力だが、衆生が一心不乱に念仏を称える行為は自力だから、半自力である。また、『仏説無量壽経』の第二十願の文言も、親鸞によれば、「憶念我国。植諸徳本。至心廻向」は、行者の自力によるから、同様の解釈をしており、浄土真宗の他力思想とは異なる。これらが、天台の念仏思想である。

阿弥陀経[23]云。若有善男子善女人。聞説阿弥陀仏執持名号。若一日乃至七日。一心不乱。是人臨命終時。阿弥陀仏與諸聖衆現在其前。是人終時。心不顚倒。即得往生極楽国土。又経云。[24]（『仏説無量壽経』のこと）十方衆生。[25]聞我名号。憶念我国。植諸徳本。至心廻向。欲生我国。不果遂者。不取正覚。

『浄土十疑論』（大正・47・77ａ）

『仏説阿弥陀経』に述べている。もし、善男子善女人が、阿弥陀仏の名号を聞いて、それを保ち、もしくは一日、乃至七日、一心不乱に称えるならば、この人の臨終の時、阿弥陀仏と諸の聖者達が、現前に現れる。この人が命終わる時、心は乱れなければ、即時に極楽世界に往生することが出来ると。

また、『仏説無量壽経』に述べている。十方の衆生が、阿弥陀仏の名号を聞いて、阿弥陀仏の極楽国土を憶念して、多くの徳（もろもろの功徳の根本である名号をさす。ここでは、名号を称えること。西本願寺版『浄土真宗聖典』より引用）を積んで、その徳を、真心を以て、廻向して極楽国土に往生したいと望んで、それが成し遂げられないならば、私（法蔵菩薩[26]）は正覚を取らないと（仏とはならない）。

このように、行者が一心不乱に念仏を称えて、仏の来迎を待つ、或は、諸の徳本を積み（名号を称えること）、その徳を廻向（ふり向けて）弥陀の救済を待つという、自力が混入した阿弥陀思想が、智顗の浄土思想の形態である。これは、純粋な他力思想ではないが、半自力、半他力の浄土思想である。本来、天台の止観による浄土往生や成仏思想は、自力であることを思えば、智顗と雖も、自力のみで浄土に往生することは難しいと考えていたことがわかる。衆生が浄土往生するための最終的な仕上げは、弥陀の力用によると。これは、止観を真摯に実践した結果、この結論に到ったのだ。

楊傑はこのあたりについて、次のように書いている。

噫弥陀甚易持淨土。甚易往衆生。不能持不能往。仏如衆生何。夫造悪業入苦趣。念弥陀生極楽。

『淨土十疑論』(大正・47・77b)

ああ、弥陀は、浄土を甚だ持ち易く、衆生往生は、甚だ易し。持つことが出来ず、住することが出来なければ、仏は、如何せん。かの悪い行いをして苦界に入れども、弥陀の極楽を念ぜよと。

23 (大正・12・347b)
24 (大正・12・268b)
25 東、西、南、北、南東、北東、南西、北西、上、下、を十方という。
26 弥陀が因位の時の名。

（そうすれば、弥陀がその苦界の造悪の人を救済する。）智顗は、弥陀の働きによって、衆生の往生が容易になると考えている。

これから『淨土十疑論』の内容を吟味する。

第一疑

問曰。諸仏菩薩以大悲為業。若欲救度衆生。祇応願生三界。於五濁三塗中。救苦衆生。因何求生淨土。自安其身。捨離衆生。則是無大慈悲心。専為自利障菩薩道。

『淨土十疑論』（大正・47・77b）

問う。諸仏菩薩は、大悲をその働きとする。もし、衆生を救済済度したいと思うならば、まさに、三界に生まれたいと願うべきだ。三塗[27]五濁[28]の中で、苦しむ衆生を救済する。（諸仏菩薩は）何のために浄土に生まれることを求めるのか。自ら、その身のみを安らかにして、衆生を捨て去れば、大慈大悲心は無い。ひたすら、自分の利益のために、菩薩道を妨げられているのではないか。

この質問は、大乗仏教の根幹をなす、菩薩道の自利利他円満の本質を尋ねているのだ。菩薩が、単に、浄土往生のみを願い、苦悩の衆生を見捨てるならば、菩薩道に外れるのではないかと。

答曰。……凡夫無力。唯得専念阿弥陀仏。便成三昧。以業成故。臨終斂《れん》念得生。決定不疑。見弥陀仏。証無生忍已。還来三界。乗無生忍船。救苦衆生。廣施仏事。任意自在。故論云。遊戯地獄。行者生彼国。得無生忍已。還入生死国。教化地獄。救苦衆生。以此因縁。求生浄土。

『浄土十疑論』（大正・47・77c）

答え、智顗の思考は、文章を割愛して、私が主旨と思う個所のみを取り上げた。

曰く。凡夫は無力で、ただ、専ら、弥陀仏を念じ、念仏三昧の行を成就すれば、臨終に、念を成し遂げて、浄土往生を遂げることは、疑いない。弥陀仏を見れば、悟りを、既に、成し遂げたのだ。三界に還相して、悟りの船に乗じて、衆生の苦を救い、多くの仏事を自由自在に施す。だから、『大智度論』に述べている。（仏は）地獄で自在に働いて、行者を仏国に往生させて、悟りを得させる。迷いの境涯に還相して、地獄の衆生を教化して、救い、この因縁によって、地獄の衆生は、浄土往生を求めると。

27　地獄、畜生、餓鬼道のこと。
28　劫濁：後の時代に、次の四濁りが起こる時のこと。見濁：見の惑。煩悩濁：貪瞋、痴の三毒。衆生濁：衆生の能力等の低下。命濁：寿命が短くなる。

上記の質問に対する見事な回答である。この答えをするために、先の問いを発したのだ。ここでは、大乗仏教の、菩薩道の自利利他円満具足と、往相して仏になった後、仏の還相の救済について論じている。

第二疑

問。諸法体空。本来無生。平等寂滅。今乃捨此。求彼生西方阿弥陀浄土。豈不乖理哉。又経云。若求浄土。先浄其心。心浄故即仏土浄。

『浄土十疑論』(大正・47・78a)

問う。諸法の体は空で、本来、無生で、平等寂滅だ。それなのに、いま、これを捨てて、かの西方阿弥陀仏浄土に生まれんことを求めるのは、どうして道理に背かないのか。背くのではないか。また、経に云う。もし、浄土を求めるならば、まずその心を清くせよ。心が清ければ、即ち仏土も浄いと。

答。釈有二義。一者総答。二者別答。総答者。汝若言求生西方弥陀浄土。則是捨此求彼。不中理者。汝執住此。不求西方。則是捨彼著此。此還成病。不中理也。又転計云。我亦不求生彼。亦不求住此者。則断滅見。……二別答者。夫不生不滅者。於生縁中。諸法和合。不守自性。求於生体。亦不可得此生。生時無所従来。故名不生。不滅者謂諸法散時。不守自性。言我散滅。此散滅時。夫無所至。故言不滅。非謂因縁生外。別有不生不滅。亦非不求生淨土。

『淨土十疑論』（大正・47・78a）

答える。解釈に二通りの意味が在る。一は総答。二は別答。総答とは、あなたがもし、西方弥陀の浄土を求めると言うなら、娑婆を捨てて、西方浄土を求めるのは、中道の理（妙の理）では無いのは、あなたが娑婆に執著して、西方浄土を求めないからだ。西方浄土を捨てて、娑婆に執著するようなものだ。これは、還って病むようなものだ。天台の中の理（妙理）では無い。また、考えを転換して、云う。私は、亦、西方に生ずることをもとめず、さらに亦、娑婆に止まることを求めないのは、断滅の見解（縁起の道理にかなっていない、間違った見解のこと）である。……二に別答とは、かの不生不滅とは、縁起によって存在して、諸法は和合して、自性に固守せずに、生の体を求めても、この生は得られない。生ずる時は、やって来るところは無い。だから、不生という。不滅とは、諸法が散じて行く時（異なった在りようをしてゆく時）、自性は、存在しないので、我（が）が散じ、滅すると言う。この散滅する時、至ところは無い。だから、不滅と言う。因縁生の外に在るとは謂わない。（縁起の在りようだと言う。）それとは別に、不生不滅があれば、さらにまた、浄土に生まれることを求めないのではない。（往生浄土を求めるのだ。）

総答は、暗に、往相と還相ともにそろっているのが、天台の妙中だという。それ以外は、断滅の誤った見解だと考えている。
別答では、諸法が不生不滅とは、無自性、縁起の在りようだという。縁起であれば、往生浄土を求める。

第三疑

問。十方諸仏。一切淨土。法性平等。功徳亦等。行者普念一切諸仏功徳。生一切淨土。今乃偏念求生一仏淨土。與平等性乖。云何得生淨土。

『淨土十疑論』（大正・47・78b）

問う。十方諸仏のすべての浄土の法性は平等で、功徳もまた等しい。行者は、昔、すべての仏の功徳によって、すべての浄土に生まれることを念じた。今は、ひとえに一つの仏の浄土に生まれることを求めるのは、平等と法性とが乖離しているのではないのか。どうして浄土に生まれることが出来るのか。

この問いの主旨は、昔は、行者は、十方諸仏の浄土に生まれることを念じ、一切諸仏の功徳にたよったが、今では、ひとえに、弥陀仏の功徳に頼って、浄土に生まれることだけを念じている。これは、法性の平等に反するのではないかと。一切諸仏即弥陀一仏なのか、と尋ねているのだ。天台では、即を言い、具を言い、縁起を言う。そのあたりの問題をついているのである。天台では、法界総縁起を説いているから、当然、このような疑問が生まれるのだ。これに対する智顗の答えは下記にある。

答。一切諸仏浄土。実皆平等。但衆生根鈍。濁乱者多。若不専繫心一境。三昧難成。専念阿弥陀仏。……如隨願往生経云。普廣菩薩問仏。十方悉有淨土。世尊何故偏讃西方弥陀淨土。専遣往生。仏告普廣菩薩。閻浮提衆生。心多濁乱。為此別偏讃西方一仏淨土。使諸衆生。専心一境。即易得往生者。若総念一切仏者。念仏境多。則心濁散漫以。三昧難成。故不得往生。又求一仏功德。與一切仏功德無異。以同一仏法性故。為此念阿弥陀仏。即念一切仏。生一淨土。即生一切淨土。

『淨土十疑論』（大正・47・78b）

答える。すべての諸仏の浄土は、実際、皆平等だ。ただ、衆生の能力は、鈍根だから、濁って乱れている者が多い。もし、専一に心を一つの対象に集中しなければ、三昧の行を成し遂げることは難しい。だから、阿弥陀仏に専念するのだ。……『隨願往生経』に述べている。普広菩薩が、仏にお尋ねした。十方に悉く浄土が在ります。世尊よ。どうして偏に、西方の弥陀の浄土を讃えて、専ら衆生を、そちらに行かせるのですか。仏は、普広菩薩に告げられた。閻浮提の衆生は、心が濁り乱れているものが多い。このため、特別に、偏に、西方の一仏土（阿弥陀仏の西方極楽浄土のこと）を讃えて、諸々の衆生を往生させるために、一つの境（観念の対象として、弥陀一仏の浄土に専念させること）に専念させれば、往生を得ることが易しい。もし、すべての仏を念ずれば、念ずる仏の浄土が多くて、衆生の心が濁って散漫だから、三昧行を成就することは難しい。だから、往生することは出来ないのだ。また、阿弥陀仏の功徳と、すべての仏の無量の功徳とは、同一の仏の法性だから、この阿弥陀仏を念ずることは、直ちに、一切仏を念じることになり、弥陀の浄土に往生することは、直ちに、一切仏の浄土に往生することになる。

ここで、「為此念阿弥陀仏。即念一切仏。生一浄土。即一切浄土」と述べているが、この即は等しいと言う意味もあるが、ここでは、天台の具の意味、縁起の意味と考えた方がよいだろう。「一切仏」と「阿弥陀仏」とは、同じものでは無いし、「一切諸仏の浄土」と「極楽浄土」もまた別のものであるから、両者は、具の関係、縁起の在りようだと読むのが正しい。

第四疑

問等是念求生一仏淨土。何不求十方仏淨土中。随念一仏淨土随得往生何須偏念西方弥陀仏耶。

『淨土十疑論』（大正・47・78b—c）

問う。弥陀の浄土に往生を求める念が等しいならば、どうして、十方仏の浄土を求めずに、どうして、もっぱら、西方弥陀仏を念じるべきなのか。

この問いの主旨は、十方諸仏の浄土と弥陀の浄土が等しいのに、どうして、もっぱら、弥陀の浄土のみを選ぶのかと。弥陀と十方諸仏を比較して、弥陀の優れた点が在れば教えてほしいと言う意味なのだ。

答凡夫無智。不敢自専。専用仏語。故能偏念阿弥陀仏。云何用仏語。釈迦大師一代聖教。処処説法。唯勧衆生。専心偏念阿弥陀仏。求生西方極楽世界。如無量壽経観経往生論等。数十余部経論等文。殷勤指授。勧生西方。故偏念也。又阿弥陀仏別有大悲四十八願。接引衆生。……証成一切衆生念阿弥陀仏。乗仏大悲本願力故。決定得生極楽世界。当知阿弥陀仏與此世界。偏有因縁。何以得知。無量壽経云。末世法滅[29]之時。特留此経。百年在世。接引衆生。往生彼国。故知阿弥陀仏與此世界極悪衆生。偏有因縁。

『浄土十疑論』（大正・47・78c）

答える。凡夫は無智だ。あえて、自から専念しない。専ら仏の言葉を用いる。だから、偏に、阿弥陀仏を念じることが出来る。どのようにして仏語を用いるのか。釈迦如来は、その一代の説法を、あちらこちらでされ、ただ、衆生に、偏に、阿弥陀仏に専念して、西方極楽世界の往生を

29 仏滅後、正法五百年。像法一千年。末法一万年。この三時を過ぎれば、仏法は、悉く滅尽するとなす。

勧めている。『仏説無量壽経』、『仏説観無量壽仏経』、『往生論』等、数十余部の経論等の文のごとし。慇懃に指授して、西方往生を勧めているから偏念である。また、阿弥陀仏には特別に、大悲の四十八願があって、衆生を接引している。……一切衆生は証り成就するには、阿弥陀仏を念じて、仏の大悲の本願力に乗じるから、必ず、極楽往生が決まっているのだ。阿弥陀仏とこの娑婆世界とは、偏に因縁が在る。どうして、このことを知ることが出来るのか。『仏説無量壽経』に述べている。末世法滅の時、特別にこの経をさらに、百年留め、衆生を接引して、極楽浄土に往生させると。だから、阿弥陀仏と娑婆世界の極悪衆生と偏えに、特別な因縁が有ることが知れるのだ。

この段落の、智顗の論述の要旨は、釈迦仏が衆生に十方の諸仏ではなく、偏に、弥陀を勧める理由は、弥陀と娑婆世界の極悪の衆生とに、特別の因縁が有るからで、それゆえ、『仏説無量壽経』を法滅後、さらに、特別に、この経を百年、娑婆世界に留めて、ことごとく、救済するのだと。「偏有因縁」とは、弥陀仏と衆生の、具の関係（特別の関係・『仏説無量壽経』法滅後も特別に、百年、この世界に留めること、特別なサービスを提供していること、「偏有」）、縁起の在りよう（「因縁」）、に触れていることである。『仏説無量壽経』の読みの深さは、智顗ならではだ。

問具縛凡夫。悪業厚重。一切煩悩。一毫未断。西方淨土。出過三界。具縛凡夫。云何得往生耶。

『淨土十疑論』（大正・47・78c）

問う。煩悩にがんじがらめに縛られた凡夫は、罪悪が深重で、すべての煩悩は、わずかにも断滅していない。西方浄土には、具縛の凡夫は、迷いの三界を出て、どうして浄土往生を遂げることが得られようか。罪業深重の凡夫の極楽往生についての方法を問うているのだ。

答有二種縁。一者自力。二者他力。自力者。此世界修道。実未得生淨土。是故瓔珞経云。始従具縛凡夫。未識三宝。不知善悪因之與果。……此約自力。卒未得生淨土。他力者。若信阿弥陀仏大悲願力摂取念仏衆生。即能発菩提心。行念仏三昧。厭離三界。身起行施戒修福。於一一行中。廻向願生彼弥陀淨土乗仏願力。機感相応。即得往生。是故十住婆沙論云。於此世界修道有二種。一者難行道。二者易行道。難行道者。在於五濁悪世。於無仏時。求阿毘抜致。甚難可得。此難無数塵沙。……易行道者。謂信仏語故念仏三昧。願生淨土。乗仏願力。摂持決定。往生不疑也。如人水路行。因藉船力故。須臾即至千里。謂他力也。

『淨土十疑論』（大正・47・78c—79a）

答える。罪業深重の凡夫往生には、二種の因縁がある。自力と他力である。自力というのは、この娑婆世界で仏道を修めても、実のところ、浄土往生は出来ない。だから、これについて、『瓔珞経』に述べている。始めから、具縛の凡夫は、仏、法、僧の三宝について知らない。善悪の因果についても知らない。……これは、自力では、この具縛の凡夫の身は、決して浄土に往生することは出来ない。他力とは。もし、阿弥陀仏の大悲願力が、念仏の衆生を摂取することを信ずれば、直ちに、菩提心を発して、念仏三昧を行じて、三界を厭い離れて、その身は、行を起こし、戒を施し、服を修する。一一の行の中において廻向して、かの阿弥陀仏の浄土に生まれることを願い、仏の願力に乗ずる。衆生と弥陀は相応じて、直ちに、往生を得るのだ。だから、『十住毘婆沙論』に述べている。この娑婆世界においては、道を修めるのに二種の方法がある。

一は、難行道。

二は、易行道。

どんな行道なのか。五濁悪世の無仏の時、不退転を求めても、得ることは、甚だ難しい。この難しいことは、おびただしく、ガンジス川の砂の数ほどある。……易行道とは、曰く。仏の言葉を信じて、念仏三昧を行じて、浄土往生を願い、仏の願力に乗ずることを固く保てば、浄土往生は疑いない。人が、水路を船の力を利用して行くように、直ちに、あっという間に、千里に到ると。これを他力という。

此の自力他力、難行道、易行道の話は、親鸞の聖教にも引用されている有名なものである。無論のこと、智顗は、他力、易行道を行者に勧めている。この思想は、当時、中国の浄土思想家には、よく知られた概念である。

第六疑

問設令具縛凡夫。得生彼国。邪見三毒等常起。云何得生彼国。即得不退[30]。超過三界耶。

『淨土十疑論』（大正・47・79ｂ）

問う。たとえ具縛の凡夫を浄土に往生させても、邪見や三毒の煩悩等は、絶えず起こる。どうして、浄土に往生して、直ちに不退を得て、三界を超過するのか。

答曰。得生彼国。有五種因縁故得不退。云何為五。一者阿弥陀仏大悲願力摂得故得不退。

『淨土十疑論』（大正・47・79ｂ）

解釈して言う。浄土に往生すれば、五種の因縁があるから、不退を得る。何を五となすのか。一には、阿弥陀仏の大悲の願力が、衆生をつかまえるから、不退を得るのだ。

30　退転することが無いことをいう。浄土往生をして、菩薩になり、その位から、下がらないことをいう。

二者仏光常照。菩提心常増進故得不退。

『淨土十疑論』（大正・47・79b）

二には、仏の智慧の光は、常にあるから、菩提心は常に増進するから、不退を得る。

三者。水鳥樹林。風声楽音。皆説苦空。聞者常起念仏念法念僧之心。故不退。

『淨土十疑論』（大正・47・79b）

三には、水も鳥も木々も、風の音も音楽も、皆、苦しみは空であると説法する。これを聞く人は、常に、念仏、念法、念僧の心を起こすから、不退である。

四者。彼国純諸菩薩。以為良友。無悪縁境。外無外道神鬼魔内無邪。内無三毒等煩悩畢竟不起。故不退。

『淨土十疑論』（大正・47・79b）

四には、浄土は、純粋に菩薩のみで、良友であって、悪の縁や感覚の対象は無い。外には、外道や鬼神、悪魔は居らず、行者の心の内には邪見は無い。行者の心の内に、三毒等の煩悩は、全く起こら無いから、不退である。

五者生彼国者即壽命永劫。共仏斉等。故不退也。

『淨土十疑論』（大正・47・79b）

五には、浄土往生すれば、直ちに寿命が永遠になる。仏と等しくなるから、不退である。

ここでは、極悪三毒の煩悩を持った凡夫が、浄土往生すれば、寿命は、仏と等しく永遠となり、さらに、浄土には、菩薩だけしか居らず、菩薩になり、内外に仏道修行の妨げになるものも無いから、決して退転しない、という浄土往生の功徳を挙げている。弥陀の極楽浄土に往生することの重要性を説いているのだ。

第七疑

問弥勒菩薩。一生補処。即得成仏。持上品十善。得生彼処。見弥勒菩薩。随従下生三会之中。自然而得聖果。何須求生西方淨土耶。

『淨土十疑論』（大正・47・79b）

個々の段落の要旨を述べれば、何故、次の世に仏となることが決定している（一生補処）弥勒菩薩の所に願生せず、西方の弥陀の浄土を求めるべきなのか、という質問である。

答。……弥勒上生経云。行衆三昧。深入正定。力始得生。更無方便接引之文。不如阿弥陀仏本願力光明力。但有念仏衆生。摂取不捨。又釈迦仏。説九品教門。方便引接。殷勤発遣。生彼浄土。但衆生能念弥陀仏者。機感相応。必得生也。

『浄土十疑論』（大正・47・79b）

答える。『弥勒上生経』によれば、弥勒のいる世界に生まれるには、困難な行を成就しなければならない。だが、弥陀の浄土に往生するためには、阿弥陀仏の本願力と智慧の光明力は、念仏のみを信じる衆生を、弥陀は接取して捨てないから、これにしくはない。此の方が衆生にとっては容易だから。また、釈迦仏も説いている。能く弥陀仏を念ずることが出来る衆生と弥陀とは、感応して必ず、浄土往生出来ると。

智顗は、弥勒の所に生まれる行をするよりも、弥陀の浄土に往生する方が、弥陀の大悲の願力と智慧の光明力に助けられる方が、はるかに易しいと、釈迦の言葉を引用しながら勧めている。浄土往生の種々の利点については、すぐ上の段落で説明した。智顗は、懇切丁寧に、弥陀の浄土願生を勧めているのだ。

第八疑

問衆生無始以来。造無量業。今生一形。又不逢善知識。又復作一切罪業。無悪不造。云何臨

終。十念成就。即得往生。出過三界。結業之事。云何可通。『浄土十疑論』（大正・47・79c）

問う。衆生は無始以来、測り知れないほどの悪業を造ってきた。今生に生まれて来て、善知識に逢わなければ、またさらに、あらゆる悪業を造り、あらゆる悪という悪で、造らないものは無い。どのようにして、臨終に、十念を成就して、直ちに浄土に往生して、三界を出て、悪業を、結業することが出来ようか。

釈曰。衆生無始以来。善悪業種。多少強弱。並不得知。但能臨終。遇善知識。十念成就者。皆是宿世善業若善業強。始得遇善知識。十念成就。若悪業多者。善知識尚不可逢。何可況十念成就。『浄土十疑論』（大正・47・80a）

解釈して言う。衆生は、無始以来、善悪の種類の業の、多少、強弱は知ることは出来ない。ただ、臨終に善知識に逢って、十念を成就すれば、皆、宿世の善業で、もし、善業が強ければ、始めて、善知識に逢うことが出来て、十念を成就する。もし、悪業の多い者は、善知識に逢うことが出来ないので、どうして十念の成就を議論出来よう。

第九疑

問西方去此十萬億仏刹。凡夫劣弱。云何可到。又往生論云。女人及根缺二乗種不生。既有此聖教。當知女人及以根缺者。必定不得往生。

『淨土十疑論』（大正・47・80b）

問う。西方浄土は、ここを去ること十萬億仏刹の彼方に在るが、劣悪な凡夫がどのようにして到ることが出来るのか。また、『往生論』に述べている。女人と鈍根の二乗種は、往生出来ないと。既に、この聖教があるかぎり、女人と鈍根のものは、絶対に往生出来ないことを知るべきだ。

答為対凡夫肉眼生死心量説耳。西方去此。十萬億刹。但使衆生淨土業成者。臨終在定之心即是淨土受生之心。動念即是生淨土時為此観経云。弥陀仏国去此不遠。又業力不可思議。一念即得生。彼不須愁遠。又如人夢。身雖在床。心意識。遍至他方。一切世界如平生不異也。生淨土亦爾。動念即至。不須疑也。女人及根缺二乗種不生者。但論生彼国。無有女人……。不導此間女人。根缺人不得生。彼若如此説者。愚癡全不識経意。且如韋提夫人。是請生淨土主。及五百侍女。授仏記悉得往生彼国。但此処女人……。心念弥陀仏。悉生彼国已。更不受女身。亦不受根缺身二乗之人。但廻心願生淨土。至彼更無二乗執心。為此故云。女人及根缺二乗種不生。非謂此処女人及根缺人不得生也。故無量壽経四十八願云。設我得仏十方世界一切女人。

称我名号。厭悪女身。捨命之後。更受女身者。不取正覚。況生彼国。更受女身耶根缺者亦爾。

『淨土十疑論』（大正・47・80b）

答える。凡夫肉眼生死の人の心の広さ（力量）について説いているだけだ。ここを去ること十萬億刹の西方浄土は、ただ、衆生に浄土往生をさせるには、臨終に生身の心が在れば、直ちに浄土に、生身の心のまま往生をさせていただく。心が働いているその時こそ浄土に往生する時なのだ。『仏説観無量壽仏経』に説いている。阿弥陀仏国は、ここから遠くは無い。また、弥陀の不可思議な働きにより、一念の即の時、直ちに、浄土往生をする。浄土が遠いと愁うるべきでは無い。また、人が夢を見る時のように、身はベッドに在りながら、心は離れて、他のあらゆる所に到るようなもので、あらゆる世界は、普段の生活とは異ならない（日常の生活のままである、ということ。特殊なことでは無いと言う意味）。

第十疑

問。今欲決定往生西方。未知作何行業。以何為種子。得生彼国。又凡夫俗人皆有妻子。未断婬欲得生彼否。

『淨土十疑論』（大正・47・80c）

問う。いま、必ず西方浄土に往生したいと思うが、まだ、難しい行の方法を知らない。どのような原因によって、彼の国に往生出来るのか。また、凡夫俗人は、皆、妻子がある。いまだ、淫欲を断てないのに、浄土に往生出来るのかどうかという意味である。

この質問の主旨は、凡夫は、難行が出来ず、どのような因縁によって浄土往生が出来、俗人は、淫欲が断てないのに、浄土往生は、出来るのかどうか。

答曰欲決定往生西方者。具有二種行。定得生彼。一者厭離行。二者欣願行。

『淨土十疑論』（大正・47・80c）

答える。必ず西方浄土に往生を望むには、具に、二種の行が有り、これをやり遂げれば、必ず彼の国に往生出来る。一は、厭離行、二は、欣願行である。

これらの二行の説明は複雑で、詳しく、長文なので、要点のみを記す。それで、質問の解答での智顗の思想は、十分理解出来るはずである。

言厭離行者。凡夫無始已来。為五欲纏縛。輪廻五道。備受衆苦。不起厭心不離五欲。未有出期。為此常観此身膿血屎尿。一切悪露不淨臭穢。……二明欣心願求者。希心起想縁弥陀仏。若法身。若報身若応身等。金色光明八萬四千相。一一相中八萬四千好。一一好放八萬四千光明。常照法界摂取念仏衆生。又観彼浄土七宝荘厳事。備如観十六観等。常行念仏三昧。及施戒等修一切善行。悉已廻施一切衆生。同生彼国決定得生。此謂欣願門也。

『浄土十疑論』（大正・47・80c―81b）

厭離行と言うは、凡夫は、無始以来、五欲纏縛のために、五道を輪廻して、あまねく、多くの苦を受けている。厭離の心を起こして、五欲を離れないから、未だに娑婆から出る機会が無く、このために、たえず、この身は、膿血屎尿だと観察して、一切の悪、不浄臭穢を露わす。……二に欣願求（往生浄土を欣こぶこと、往生浄土を願うこと、往生浄土を求めること）を明かすとは、心に、弥陀仏を想い起すことを希う。もしくは法身、もしくは報身、応身等、金色の光明を見ると、八萬四千の仏の相好があり、一つ一つの仏の相好の中に、八萬四千の美しさがあり、一つ一つの美しさは、八萬四千の光明を放つ。常に法界を照らして、念仏の衆生を、摂取する。また、かの浄土の七宝荘厳の事柄を観察することは、詳しくは、『仏説観無量壽仏経』の十六観等に述べられている通りだ。常行念仏三昧、および、施戒等の一切の善行を、悉く、一切衆生に廻向して施して、仏と同じく必ず、極楽浄土に往生出来るのが、この欣願門と謂うのだ。

この段落の要点をいえば、智顗は、この段落では、厭離行と、欣願求門を具体的に説明している。どのようにしたら、阿弥陀仏の西方極楽浄土に往生出来るか、ということだ。そのため、『仏説観無量壽仏経』に説かれている十六観に詳しく説かれているので、その引用になっている。

此の十六観の中では、[31] 機根を九のランクづけをして、その最下位の下品下生の凡夫の往生が重点になっているが、智顗は、それについては、触れていない。彼の関心が、行に在るからだろう。

以上、詳細に、智顗の『浄土十疑論』の記述を検証してきたが、『仏説無量壽経』の四十八願の第二十番目の願、[32]

たといわれ仏を得たらんに、十方の衆生、わが名号を聞きて、念をわが国に繋げ、もろもろの徳本（ここでは、もろもろの功徳の根本である名号をさす。ここでは、名号を称えること）を植えて、至心に回向してわが国に生ぜんと欲せん。果遂せずば、正覚を取らじ。

（西本願寺版『浄土真宗聖典』）

智顗自身の他力観を述べているのが、大きな特徴であるが、伝灯は、『浄土生無生論』の中で、この点には、論述していない。これは、智顗と伝灯の大きな相違である。伝灯に比較して、智顗は、凡夫が浄土に往生するためには、弥陀の本願力、名号の力が大きいことを認識していたためだろう。智顗の方が、彼自身の浄土往生のためには、より強く弥陀の力用に傾斜していたことがうかがえる。

だが、智顗の『浄土十疑論』が、伝灯の『浄土生無生論』に与えた影響が少なくないことがよくわかる。

浄土十疑論後序

釈迦如来。起大慈愍。於穢濁中。発大音声。讃彼淨土上妙之楽。於生死中。為大船師。載以法船。令趣彼岸。昼夜度生。無有休息。然而弥陀之岸。本無彼此。釈迦之船。実非往来。譬如一灯分照八鏡。鏡有東西。光影無二。弥陀説法。遍光影中。而釈迦方便。独指西鏡。故已到彼岸者。乃可以忘彼此。

『淨土十疑論後序』（大正・47・81b—c）

『淨土十疑論後序』の項で、次のように述べている。

釈迦如来は、大きな慈しみと、あわれみを起こして、五濁の中で、声を最大にして、弥陀の浄土の最高の楽を讃えている。迷いの娑婆において、大きな船の船長となって、衆生を載せて、彼岸に到らしめる。衆生済度のためには、昼夜の別なく、休むことなく働き、それによって、衆生を弥陀の浄土へ往生させる。

31　仏説観無量壽仏経の引用。

32　設我得仏。十方衆生聞我名号。繋念我国。植諸徳本。至心廻向欲生我国。不果遂者。不取正覚。（大正・12・268b）

本来、浄土と娑婆とは無い。釈迦の船は、実際には、往来しない。たとえば、一つの灯が、八の鏡を照らすようなもので、鏡に方向は有っても、光は一である。弥陀の説法は、光の中に行き渡っている。しかも、釈迦の方便は、ただ西の鏡を（弥陀の西方浄土を）指しているから、既に浄土に往生した者には、娑婆も浄土も忘れるべきである。ここでは、浄土に往生して仏になれば、還相して衆生済度に勤めるから、仏には、娑婆も浄土も区別は無いと言っているのだ。

この後序の文章は、『淨土十疑論』の結論である。釈迦が経[33]の中で、弥陀の本願力の船によって、衆生を浄土に往生させて、仏にする。仏は、浄土と娑婆とを往相還相して、昼夜休むことなく、衆生済度のために働くから、彼此は無い、と論じているのだ。

結語

伝灯の『淨土生無生論』に最も大きな影響を与えたのは、智顗の『淨土十疑論』であると断定しても良いと、考える。この書は、浄土教に関する、十の疑問に対する十の解答で構成されている。短編だが、内容は豊富である。具体的には、序に該当する総論の中で、後世、日本の浄土真宗の祖・親鸞の『真実教行証文類』に影響を与えたと思われるテーマ、往相廻向、還相廻向が取り扱われている。

智顗は、問答形式で論ずる。もし西方弥陀の浄土を求めるならば、こっち（此の土）を捨てて、あっち（浄土）を求めることは、中の理（天台の最高の概念）ではない。また、浄土を捨てて、此の土に執著することは、かえって誤りとなるゆえ、これも、中の理ではない。これは、仏の行為としては、往相（浄土に往生すること）と還相（仏と成ったら、此の土に還って来て、衆生済度に励む）がそろってこそ円満なので、これこそ天台の中の理にかなう。阿弥陀仏は、浄土にも娑婆にも留まらず、昼夜を選ばず、衆生済度に励んでいるのだ。これは、親鸞が重視した、弥陀の大慈悲の本質を問題にしているのである。

さらに、『淨土十疑論』の冒頭には、無自性、縁起思想がある。

夫不生不滅者。於生縁中。諸法和合。不守自性。求於生体。亦不可得此生。生時無所従来。故名不生。

『淨土十疑論』（大正・47・78ａ）

この段落の、「不生不滅」の理由は、諸法は和合（縁起の在りよう）しており、「不守自性」無自性だから、生を求めても得られないし、やって来るところも無いと。ここには、伝灯の『淨土生無生論』の「生無（不）生」という主題とこの書の理論的基盤である「無自性」、「縁起」が登場

33　『仏説無量壽経』、『仏説観無量壽仏経』、『仏説阿弥陀経』のこと。

している。伝灯は、智顗の『浄土十疑論』の冒頭から、既に、このように影響を受けているのだ。『仏説阿弥陀経』に述べている。「もし、善男子善女人が、善知識から、阿弥陀仏のいわれと名号を聞いてそれを保ち、一日乃至七日、一心不乱に、相続して、称え続けるならば、阿弥陀仏と感応道交して、この人の臨終の時に、阿弥陀仏は来迎して、この人が命終われば、直ちに、極楽浄土に往生出来る」と。『仏説無量壽経』に、述べている。「十方の衆生が、阿弥陀仏の名号を聞いて、阿弥陀仏の極楽国土を憶念して、多くの徳を積んで（この場合、専修念仏して）、その徳を、真心を以て、阿弥陀仏に廻向し、極楽に往生したいと望んで、それが成し遂げられないならば、正覚をとらない」と。

このように、徳本を積み、弥陀の本願力をたのむという、行者の自力と、弥陀の他力との混合した往生思想が、智顗の浄土観である。この思考は、伝灯の『浄土生無生論』の論理と共通するが、親鸞の他力思想、三願転入の概念と比べれば、二願の段階までしか進んでおらず、絶対他力では無く、半自力、半他力であると考えてよかろう。中国語に翻訳された『仏説無量壽経』、『仏説観無量壽仏経』、『仏説阿弥陀経』の経文を、中国人の学者が解釈する限りにおいては、此れが限界であり、絶対他力的読解は、不可能である、というのが私の見解である。

『大智度論』に述べている。「仏は、地獄で自在に教化して、行者を極楽に往生させて、正覚を得させる。その人は、再び、娑婆に還相して、地獄の衆生を教化して、救い、この因縁によって、浄土に往生を求める」と。

第二疑の問答に、問う。諸法の体は空で、本来、無生で、平等寂滅だ。だが、いま、これを捨てて、西方阿弥陀仏の浄土に生まれたいと願うのは、道理に背かないのか。答えは、往相と還相がそろったのが、阿弥陀仏の教化活動である。往相、もしくは、還相の一方の行為だけでは、天台の中《ちゅう》の理には、かなわない。次の問答は、救済と観仏を弥陀に限定した理由についての智顗の考えを述べたものである。

問う。十方諸仏の浄土の法性は平等で、功徳も等しい。昔は、十方諸仏の功徳によって、十方諸仏の浄土の往生を願った。いま、弥陀一仏の浄土を願生するのは、平等と法性が乖離しているのではないかと。答える。十方諸仏の浄土は皆、平等だ。だが、三昧の行を成就することは難しい。だから、弥陀一仏に専念するのだ。その方が平易だからであると。

第三節　『仏説観無量壽仏経疏』

知礼の『仏説観無量壽仏経疏妙宗鈔』、『疏妙宗鈔』は、言うまでもなく、智顗の『仏説観無量壽仏経疏』（『疏』）の註釈を書いた書物である。知礼は、『仏説観無量壽仏経』を読むに際して、智顗の『疏』を参照して、この経の『疏』の『疏妙宗鈔』を書くことを考えたのだろう。

私は、智顗の『疏』と知礼の『疏妙宗鈔』を読んでみて、この両者が、伝灯の『浄土生無生論』に、少なからず影響を与えていることを発見したので、特に項をもうけて、論じることにした。順序として、著述の順番を考慮して、智顗の『仏説観無量壽仏経疏』を先にする。『仏説観無量壽仏経疏』（大正・37・186b）の註釈書が、知礼の『仏説観無量壽仏経疏妙宗鈔』であるから、言うまでもなく、この智顗の著書は、知礼の浄土思想に、一定の影響を与えている。

智顗は『仏説観無量壽仏経』について、次のように言う。

此経心観為宗。実相為体。所言仏説観無量壽仏者。仏是所観勝境。挙正報以収依果。述化主以包徒衆。『観無量壽仏経疏』（大正・37・186c）

『仏説観無量壽仏経』は、心の観察を宗要とする。智顗は『仏説観無量壽仏経』は、心を観察するための経だと言う。無量壽仏という仏は、主体が観察する優れた対象である。仏を取り上げることによって、仏果をも収め取ることが出来る。なぜなら、教化する仏はその対象である衆生を包み込んでいるからだ。次に、著書の構成について言う。

釈経五義。名体宗用教相云云。『観無量壽仏経疏』（大正・37・186c）

経を、名前、本体、宗要、作用、教の在りよう、の五義によって解釈する、とは智顗の釈経の方法論である。

仏説即教。観即是行。無量壽仏。即是理。……説即是教。如即是理。行即是行。仏即法身。観即般若。無量壽。即解脱。當知即一達三。即三達一。一中解無量。無量中解一。於一字尚達無量義。況諸字況一題。況一経一切経耶。『観無量壽仏経疏』（大正・37・186c—187a）

仏の説法は、仏教であり、止観は天台では行である。阿弥陀は理である。……真如は理であり、仏は法身である。止観（行）は、般若（智慧）であり、解脱は永遠の生命（時間的に）であるから、この一を具すれば、三に到達し、この三を具すれば、一を窮めることになる。つまり、一中《ちゅう》は無量を解し、無量の中《ちゅう》を解すれば、一中《ちゅう》を解するのだ。要するに、一の経を窮めれば、どうして、一切経を窮めないことがあろうかと。

ここで重要なことは、阿弥陀が理であり、真如が理であると述べていることだ。天台の場合は、理即といって、因位に仏を具しているから（十界互具）、このような主張が成立する。それは、果位の弥陀と因位の衆生とは、相手の存在を待って始めて、存在する関係だからである。智顗は続ける。

即涅槃経云。一切衆生即是仏。『観無量壽仏経疏』（大正・37・187a）

故言衆生即是仏。理仏也。

『観無量壽仏経疏』（大正・37・187ａ）

『涅槃経』に、「一切衆生具仏」（天台では、即は具と同義であることは、既に述べた）という意味のことを述べており、だから、「理仏」（理即の仏と言う意味）だ、というのだ。

究竟仏者。道窮妙覚位極於茶故。

『観無量壽仏経疏』（大正・37・187ｂ）

究竟仏とは、六即の最高位は、究竟即で、これは、仏道を窮めた仏（妙覚）のことである。究竟即とは、妙覚の仏も衆生を具している、という意である。（衆生が仏を具していることを、理即ということは、既に述べた。）究極の境地を究めているからだ、と。ここで、智顗が、「理仏」、「究竟仏」と言っているのは、衆生に仏界を具しており、仏界に衆生を具している。つまり、「理仏」と「究竟仏」は、互具、縁起の関係にある、というのだ。この主張は、『法華玄義』の「十界互具」の思想を踏まえている。

さらに、智顗は、主体の止観の対境について次のように言う。

仮是虚妄俗諦也。空是審実真諦也。

『観無量壽仏経疏』（大正・37・187ｃ）

諦には、仮の俗諦、空の真諦があり、（ここでは述べていないが）中諦の三つがあり、これらは互具互融している。このことは、既に伝灯の『性善悪論』を論じるところで触れた。

さらに智顗は、一心三観についても論じる。

一心三観者。此出釈論。論云。三智実在一心中。得秖一観而三観。観於一諦而三諦。故名一心三観。

『観無量壽仏経疏』（大正・37・187c）

彼は、『中論』を引用して、この文意を補足する。

中論云。因縁所生法。即空即仮即中。

『観無量壽仏経疏』（大正・37・187c）

一心三観という句は、『大智度論』にある。曰く。三智は、実に、一心の中にある。一観を得れば、三観も得られ、一諦において、三諦を観る。（三智は、『大智度論』に説く。「一切智」は、声聞・縁覚の智。一切法の総相・空相を知る。「道種智」は、菩薩の智。一切法の差別の相・仮相を知る。「一切種智」は、仏智。空相、仮相を知り、さらに、その統体を知る。天台では、「一切智」は空相・真諦を知り、「道種智」は、差別の相・俗諦を知り、「一切種智」は、中諦を知る、と説く。）この三智は、一心に存在する。三智といえども無自性、縁起の在りようで、一心とは、縁起の関係にあるから、一心がなければ、三智はなく、三智がなければ、一心もない関係だから、一心は、三智を具す、と考える。一観と三観の関係も、一諦と三諦の関係も、一心と三智の関係と同様に、縁起・具である。この『中論』の文章を見れば、智顗が『大智度論』を引用して論じている「一観即三観」、「一諦即三諦」の文意が理解し易い。

因縁によって生じた存在の在りようは、空であり、仮であり、中である。さらに、この空、仮、中の関係は、即空即仮即中である。要するに、縁起によって生じた存在の在りようは、空であり、そして仮であり、さらに中でもある。具の在りようをしている空仮中であると。法は縁起であり、即であり、具であるから、即空即仮即中の在りようだ、と説いている。

次に、智顗は、国土（浄土）と一念の関係について述べている。

去此不遠者。安楽国土去此十萬億仏刹。一一刹恒沙世界。何言不遠。解云。以仏力故欲見即見。又光中現土顕於仏頂。一念能縁言不遠也。

『観無量壽仏経疏』（大正・37・191b）

ここから遠くないと言う意味について論じる。安楽国土は、ここから十万億の仏土の向こうにある。その間に在る諸仏の浄土は、ガンジス川の砂の数ほど多く在る。これをどうして遠くない、と言うのか。解釈して云えば、仏力によるが故に、見たいと思えば直ちに、見ることが出来る。

また、仏力によって、光の中に、直ちに、国土を現わすことが出来る。仏の頭の頂に仏土は現われる。一念の能縁に依るから遠くないのだ。つまり、縁起によって、一念に安楽国土が在るから、遠くない、と言うのだ。ここでは、一念、極めて短い時間と空間に、仏力の能縁によって、直ちに、「十萬億刹、恒沙世界」の無限の時空にある安楽国土を現わすことが出来る、と。

智顗は、さらに、仏と衆生心の関係について論じる。

又法界身是仏身。無所不遍法界為体。入一切衆生心想中者。得此観仏三昧解入相応。故言入心想中也。

『観無量壽仏経疏』（大正・37・192b）

仏身は法界身（法身）であり、その体は法界のあらゆる所に遍く。法身が、一切衆生の心に入るとは、観仏三昧の行を会得すれば、法身が、衆生の心に入るというのである。要点をいえば、仏の法身と衆生の心とは縁起の関係であり、法身があれば、衆生心が在り、衆生心が無ければ、法身も無いのである。法身と衆生心とは、持ちつ持たれつの関係なのだ。これは、『淨土生無生論』の思想と何ら変わらない。

是心作仏者。……是心是仏者。……故言即是。心外無仏亦無仏之因也。

『観無量壽仏経疏』（大正・37・192b）

此の心が仏になるとは、…中略…この心がそのまま仏とは、…中略…まさに「即是」（そのまま）という意味で、この衆生の心のほかに仏はなく、さらに、仏になる因も無いのである。つまり、衆生心と仏とは、関係することによってのみ、存在しているのだ。この主張は、「浄土生無生」と同義である。

次に、智顗は、「摂取不捨」と「得生無量壽国」について、下記のように述べる。

以無縁慈[34]摂諸衆生。辯仏心相也。念仏衆生摂取不捨者。若為仏慈悲所護。終得離苦永得安楽。

『観無量壽仏経疏』（大正・37・192c）

仏心の在りようを明かせば、仏は、無縁慈によって、多くの衆生を救う。念仏の衆生を救い取って、決して見放さないと言うのは、もしも、仏の慈悲に護られれば、ついには、苦を離れて、安楽国に生まれることが出来るのだ。と。

智顗の観仏および安楽国への往生についての見解は、次の通りである。

以修念仏三昧故発見仏。

『観無量壽仏経疏』（大正・37・192c）

念仏三昧を修行すれば、仏を観ることが出来る、と。この念仏三昧は、非常に難行なので、凡人には、容易に観仏出来ないのである。彼の浄土思想では、念仏三昧は重要で、

以随念仏三昧故。得生無量壽仏国。『観無量壽仏経疏』（大正・37・192c）

阿弥陀の極楽浄土に往生するためにも、念仏三昧を修行しなければならない。

この記述によれば、智顗が浄土思想に近づいたのは、止観行において、念仏三昧を行じた結果ともいえる。この智顗の浄土思想の形成過程は、知礼や伝灯と共通するものだ。三者とも、念仏三昧を通じて浄土思想に傾斜して行った、と考えられるからだ。

『仏説観無量壽経』では、衆生の機根（能力）を九に区別している。上品、中品、下品、に大別し、各品をさらに、上輩、中輩、下輩の三段階に区分する。この中で、最上の機根は、上品上生、最劣は、下品下生である。

智顗は、最下劣の機根の往生について、次のように記している。

34　仏の無量の他と比べようもない絶対的な大慈悲をいう。

下品下生有三。……称無量壽仏至於十念者。善心相続至於十念。或一念成就即得往生。以念仏除滅罪障故。即以念仏為勝縁也。若不如此者。云何得往生也。

『観無量壽仏経疏』（大正・37・194b）

要するに、智顗の最も主張したい点は、ここである。彼は、『法華玄義』の中で、十界互具を説いている。すべての衆生が属している界には、必ず仏界が具されているのだ。彼によれば、衆生は、本来、弥陀によって救済されているのだ。ゆえに、「一念成就即得往生」であり、「以念仏除滅罪障故」でもあり、その理由は、「即以念仏為勝縁也」だからである。智顗の十界互具思想を突き詰めてゆくと、必ず、この結論に落ち着かざるを得ないのだ。

ここには、まさしく、智顗の浄土観が顕れている。この精神が知礼の『観無量壽仏経疏妙宗鈔』に受け継がれ、伝灯の『浄土生無生論』の浄土思想を生み出した、と私は考えたい。

智顗は、此の『疏』に序文を、本論に併設している。ことさら、序を独立して設けてはいないところが、『浄土十疑論』の書式と異なる。

さて、『疏』の冒頭で、次のように述べる。

夫楽邦之與苦域。金宝之與泥沙。胎獄[35]之望華池。棘林之比瓊樹[36]。誠由心分垢淨。見両土之昇沈。行開善悪。覩二方之麁妙。……故知欲生極楽国土。必修十六妙観。願見弥陀世尊。

『仏説観無量壽仏経疏』（大正・37・186b―c）

かの極楽と娑婆、金宝と汚泥、娑婆に住んでいることと、極楽に往生していること、醜い樹林と美しい玉のような美林は（いずれも、娑婆と極楽、迷いの境涯と悟りの境涯を譬えている）、心によって、穢れと清らかさとが分かれており、極楽往生と娑婆の苦界に止まることを見、行によって善悪を開き、娑婆と極楽の麁妙（劣と優）を観察すれば、……極楽国土に生まれたいと知

35　四生の中で、胎生のものが母胎内にある苦を獄にたとえる。人界、娑婆に居ること。
36　崑崙山の西にあるという伝説上の大木。玉のように美しい木。人格が優れているたとえ。
37　親鸞の浄土真宗では、この願を果遂の願と呼び、専修念仏の願、真門とする。さらに、念仏の衆生の、他力往生に至る過程（行者の廻心転入）を、三願転入として、まず、第十九願は、要門と呼び、諸行往生をとき、次に第二十願を、真門として、専修念仏の願と位置づけ、最終的には、第十八願、弘願門、絶対他力（行者の自力をすべて否定して、弥陀の本願力によって往生成仏する絶対他力）によって往生することを勧める。この心の流れを、第十九願から、第二十願へ進み、最終的には、絶対他力の、第十八願にて、往生浄土が決定することを、三願転入という。智顗が勧めているのは、第二十願であるから、浄土真宗の考えでは、真門、専修念仏の願に相当する。三願転入の中間に位置する。

れば、必ず、『仏説観無量壽仏経』に説かれている優れた十六の観法を修行して、阿弥陀仏を見ることを願え。

この段落で、智顗は、娑婆と極楽国土の優劣を比較して、極楽国土に生まれたいと思うならば、菩提心を起こして、『仏説観無量壽仏経』の十六観を修して、阿弥陀仏を見たいと願え、と説く。この『仏説観無量壽仏経』の十六観法は、『仏説無量壽経』の第二十願[37]に相当する。専修念仏を勧めており、自力の称名念仏と、他力の弥陀の本願力の力用とによって、行者は、弥陀の浄土に往生することが出来ると、説いている。

だが、ここに、語学的な問題がある。智顗は、中国語のネーチブである。彼は経文を読む場合、当然のことながら、正しい中国語の読み方をする。文法も含めてである。だから、『仏説無量壽経』や『仏説観無量壽仏経』は、智顗のように、正しい中国語の文法にそって、文字通りに読むのが正しいのである。そのように読めば、『仏説無量壽経』に説かれている第二十願の「専修念仏の願」こそが究極の易行[38]ということになる。

だが、ここに一つの問題がある。それは、日本の親鸞の、この三部の経の特徴的な読み方である。彼は、古典中国語によって聖教を幾つか書いているから、当然、古典中国語によって書かれた経を正しく読解することが出来る。にもかかわらず、中国語のネーチブ智顗とは、意識的に異なった読みを、『仏説無量壽経』の第十八願文で行っている。

それは何故か。その理由については、古来、多くの学者が論じ尽くしているから、改めてくどくどとは述べない。親鸞は、独自の宗教観から『仏説無量壽経』の第十八願文の「至心信楽」を「至心の信楽（真実心によって、弥陀の救済を喜ぶこと）を弥陀から廻向したもうたもの」だと受け止めたのだ。彼は、「至心信楽」を弥陀によってなされ、衆生に与えられた、他力の「真実心に基づく信楽（喜び）」だと解釈して、この第十八願を、絶対他力の弘願門と位置づけ、念仏の衆生の信仰は、まず、第十九願の諸行往生の要門に入り、次に第二十願の専修念仏の真門を経て、さらに亦、第十八願の絶対他力の弘願門にて、弥陀の絶対他力の名号の力用によって往生成仏すると、親鸞自身の宗教観によって、三願転入の位置づけを行ったのだ。この親鸞の第十八願文の読解は、中国人には不可能なもので、彼が、中国語のネーチブである智顗が無し得ない、ネーチブではない故に可能となった自己の宗教的信念に忠実で、極めて大胆な解釈を行ったのだ。

智顗の『仏説無量壽経』の解釈は、第二十願の専修念仏の願を終着駅としたのである。これはこれで、優れた、一つのものと言ってさしつかえあるまい。

38　親鸞の『仏説無量壽経』の第十八願の文面、設我得仏。十方衆生。至心信楽。欲生我国。乃至十念。若夫生者。不取正覚。唯除五逆。誹謗正法。の読み方は、彼独自のもので、「至心信楽」の「至心」を弥陀から廻向された真実信心と読み、行者が「至心」するのではないとする。このような解読は、中国語にはないので、智顗は、重要性の比重を、第十八願よりも第二十願に置いたと思われる。

さて、智顗の『仏説観無量壽仏経疏』は述べる。

此経心観為宗。実相為体。所言仏説観無量壽仏者。仏是所観勝境。挙正報以収依果。述化主以包徒衆。観雖十六言仏便周。故云仏説観無量壽仏。

『観無量壽仏経疏』（大正・37・186c）

この経は、心観を宗要となす。実相を体となす。仏説観無量壽仏とは、仏は所観の優れた境（観察の優れた対象）である。正報・仏によって、仏果を示す。論述教化する主体によって、教化される衆生を包含する。観は十六と雖も、仏を言えばあらゆる所に居る。だから、仏説観無量壽仏と云う。

仏説即教。観即是行。無量壽仏。即是理。教行理足任運有通別意。更就一字説者。釈論云。所行如所説。説即是教。如即是理。行即是行。仏即法身。観即般若。無量壽。即解脱。當知即一達三。即三達一。一中解無量。無量中解一。於一字尚達無量義。

『観無量壽仏経疏』（大正・37・186c）

仏説とは、教のことである。観とは行のことである。無量壽仏は理である。と言うからには、智顗は、法身の弥陀を考えている。教、行、理は自由自在であり、通と別の意味がある。さらに

「説」の一字は、『大智度論』に述べている。行は、仏説の通りに行ずる。仏説とは、仏の教である。如とは、理のことである。行は行である。仏は、この場合は三身の中の、法身である。観は般若の智慧であり、無量壽は解脱であり（ここでは、観、無量壽、仏を仏の三徳〈般若、解脱、法身〉に該当して説明している）、この一と三は、即の関係にあり、この三と一とも即の関係にある。さらに、一の中では無量を解釈し、無量の中でもまた一を解釈し、この一字は無量に達するのだ。ここの、一と三との関係は、天台の論理、智顗の論理では、即は、具と同義だから、観も無量壽も仏も、般若、解脱、法身を各々具していることになる。この具の意味は、仏教では、観、無量壽、仏と雖も、無自性であるから、当然、縁起の在りようだ。故に、一の中で無量を解し、無量の中で一を解することも、一と無量は、即の関係、具の関係、縁起の在りようなのだ。だから、一字の意味を理解すれば、無量の意味に到達出来るのだ。すべての存在の、すべての概念の在りようが縁起だからである。以上が、この段落の主旨なのだ。

故経云。若聞首題名字。所得功徳不可限量。若不如上解者。安獲無限功徳耶。初釈仏者。仏是覚義。……即涅槃経云。一切衆生即是仏。如貧女舎宝衆物具存。……浄名云。一切衆生皆如也。宝篋云（宝印陀羅尼経云）。仏界衆生界。一界無別界。此是円智円覚諸法。遍一切処無不明了。雖五無間皆解脱相。雖昏盲倒惑其理存焉。斯理灼然。世間常住。……故言衆生即是仏。理仏也。

『観無量壽仏経疏』（大正・37・187a）

だから、経に述べている（仏説観無量壽仏経）。もし、首題の経名を聞けば、得られる功徳は、無限である。もし、上で解説しているようでなければ、どうして無限の功徳が獲られようか。初めに仏を解釈すれば、仏は覚と言う意味である。……これについて涅槃経に述べている。一切衆生は仏である。（この意味は、衆生と仏とが同一とか、等しいと言っているのでは無い。もとより、衆生は迷っており、仏は悟っており、個々では別物であるが、衆生も無自性空、仏も無自性空であるから、ともに縁起の在りようをしていると言っているのだ。それ故、衆生が無ければ、仏は無く、衆生が在るから、仏も有るのだ。両者はともに縁起の在りようをしているから、一切衆生は、仏であると、いっているのだ。）この段落の終わりに出て来るが、「故言衆生即是仏。理仏也」という意味だ。ここで、智顗は、六即仏について論じている。下位から上位へ、理仏、名字仏、観行仏、相似仏、分証仏、究竟仏である。

理仏については、既に述べた。

涅槃云。於無量世。亦不聞有如来出世大乗経名。若仏出世方能闡智慧日。識三宝之光明。開甘露門。知十号之妙味。……此名字仏也。

『観無量壽仏経疏』（大正・37・187a）

『涅槃経』に述べている。無量の世界で、さらに、如来世に出でて大乗経の名があることを聞かない。仏の出世は、まさしく、智慧の眼を闓《ひら》き、三宝の光明を識らせ、極楽の門を開き、十号（十回叫ぶ）の妙味を知る。……これは、名字仏である。天台では、衆生が発菩提心を起こした段階を理即という。この段階で、仏と即だというのは、そのレベルの衆生と仏とが等しいと言う意味では無い。無論、大きな相違がある。けれども、それでも、理即であると言うのは、このレベルの衆生が仏を具している、衆生と仏が（ともに無自性だから）縁起の在りようをしていると言っているのだ。名字仏もまた、名字即の衆生と仏が、互具の関係であり、縁起の在りようだと言うのだ。ここで具体的な説明をしているのは、名字即のことを述べているのであって、そのような在りようの衆生が、仏と縁起の在りようであることは、天台の論理に基づけば、当然の結論である。もし、そうでなければ、このレベルの衆生は、仏にはなれない。

観行仏者。観仏相好如鋳金像。心縁妙色與眼作対。開眼閉目若明若闇。常得不離。見仏世尊従大相海流出小相。……念一仏與十方仏等。念現在仏與三世仏等。一身一智慧力無畏亦然。念色身念法門念実相。常運念無不念時。念念皆覚是名観行仏也。

『観無量壽仏経疏』（大正・37・187ａ）

観行仏とは、仏の相好を観察すれば、鋳金の像のようなものである。心縁では、妙色と眼とは対を作す。眼を開いても、眼を閉じても、もしくは明るくても、もしくは闇くても、常に離れない。仏世尊は、大きな海から流出する小さなものに見える。……一仏と十方の諸仏を念じ、現在仏と三世仏等を念ずると、一身、一智慧力無畏もまた、同様である。

観行即は、下位から三番目のランクに相当する。だが、智顗の思想では、「一念三千」、介爾の一念（現前の生ずる凡夫の、そこはかとない、かすかな心）もまた、三千（真如・仏・究竟・妙覚）だから、どのランクの修行者であっても、互具互有だから、仏と即である。理は、理即で、そのまま仏と互具しており、名字もまた、仏と即、互具、縁起であり、この観行の位もまた、それ自体の自性はないから、無自性、縁起で、仏果とは即だ。

相似仏者。念仏相好身。得相似相応念仏法門。身得相似相応。念実相身。得相似相応。相似者。二物相類。如鍮鏡似金。……略挙其要。如法華中六根清淨。即是其相。名相似仏也。

『観無量壽仏経疏』（大正・37・187a―b）

相似仏とは、仏の相好（姿形）を観念すれば、相似相応の念仏門を得る。身は、相似相応を得て、実相身を念じて、相似相応を得る。相似というのは、二つの物が、同類だということである。厳密に言えば、同類と言うのは、同一の種類だが、同一物ではないということだ。たとえば鏡に映った金と金そのもののような関係である、と智顗は説明する。この「相似」のイメージを彼は、そのように把捉しているのだ。略してその要点を挙げれば、『法華経』の中で説く、眼、耳、鼻、舌、手、識が清らかであるようなもので、仏の相を具しているから、相似仏という。相似即の位に在る行者が、仏と互具の在りよう、縁起の在りようだから、相似仏というのだ。

分証仏者。初発心住。一発一切発。発一切功徳。発一切智慧。発一切境界。不前不後亦不一時。三智一心中得。得如来妙色身湛然応一切。開秘密蔵。以不住法即住其中。……是名分証仏也。

『観無量壽仏経疏』（大正・37・187b）

分証仏と言うのは、初発心に居るとき（初発心の位のとき）一たび発心すれば、すべての発心に相当し、一発心は、あらゆる功徳を得、一発心は、あらゆる智慧を得、一発心は、あらゆる境涯（あらゆる止観の対象）を得る。これに前後はなく、さらに、一時（一瞬）でもない。仏の三智（一切智、道種智、一切種智）を凡夫の介爾の一心の中に得、如来の最高の色身を得て、静かに澄み切ったありさまで、あらゆるものに応じることが出来、如来の秘密蔵を開くことが出来る。このありさまを、不住の法で、その中に住する（留まる）のだ。……これを分証仏という。

この段落の要点は、初発心の大切さ、とその大きな功徳を述べている。曰く。「一発一切発」、「発一切功徳」、「発一切智慧」と。大乗仏教では、初発心の大切さを説く。発心すれば、菩薩道を修行して、如来の救済に遇うことが出来、その因縁で、仏にもなれる。もし、発心しなければ、その機会は得られない。

究竟仏者。……唯仏与仏。乃能究尽諸法実相。辺際智満種覚頓円。……如十五日。月円満具足。衆星中王最上。最勝威徳特尊。是名究竟仏義。

『観無量壽仏経疏』(大正・37・187b)

究竟仏というのは、……仏のみが、諸法実相を窮めることが出来る。辺際智で窮められないものは無く円頓を覚る。……十五夜の月のように、円満具足して、その明るさにおいて、あらゆる星の最上の王である。最も優れた威徳を持つ特別尊いものが、究竟仏という。

この究竟仏というのは、そのまま、仏果の主のことである。この点が、他の五即と異なる。究竟そのものが仏なのだ。この点が、理即仏等とは異なる。理即仏は、仏とは具の関係、縁起の在りようだが、究竟仏は、そのものずばり、仏なのだ。だが、いずれ仏になる、という点では、究竟仏も理仏も同様だ、と言っても差し支えない。天台では、十界互具といい、一念三千といい、如来蔵というのは、そのことである。

さらに、智顗は、『仏説観無量壽仏経』の観という言葉の解釈を続ける。

一心三観者。此出釈論。論云。三智実在一心中。得祇一観而三観。観於一諦而三諦。故名一心三観。類如一心而有生住滅。如此三相在一心中。此観成時証一心三智。亦名一切種智。寂滅相種種行類相貌皆知也。

『観無量壽仏経疏』(大正・37・187c)

一心三観というのは、『大智度論』に述べている。この論に云う。仏の三智は、一心中に在る。祇一観を得れば三観であり、一諦を観ずれば三諦を得る。だから一心三観という。一心のように類すれば生住滅がある。このような三相は、一心の中に在る。此の観が成就する時、一心三智を証する。さらにまた、一切種智といい、寂滅の相、種種の行類、相貌を、皆、知るのだ。

一心三観で、一心三諦、を観察して成就すれば、仏の智慧である一切種智を証する。さすれば、寂滅の相、種種の行類、相貌を、皆、知ることが出来るが、これらは、皆、一心の中に在る。

寂滅相者。是双亡之力。種種相貌皆知者。双照之力也。中論云。因縁所生法。即空即仮即中。釈論云。三智実在一心中得。即此意也。此観微妙。即一而三。即三而一。一観一切観。一切観一観。非一非一切。如此之観摂一切観也。

『観無量壽仏経疏』(大正・37・187c)

寂滅の相とは、双亡の力であり、種種の相貌を、皆、知ることとは、双照の力である。『中論』の偈に云う。「因縁によって生ずる法は(因縁によって生ずる存在は)、即空即仮即中である」と。「即空即仮即中」とは、智顗の考えによれば、諸法実相のことで、真如である。智顗は、縁起の存在は、すべて、諸法実相の在りよう、真如だ、といっているのだ。『大智度論』に云う。

無量壽者。天竺称阿弥陀仏。本無身無壽。亦無於量。随順世間而論三身。亦随順世間而論三壽。……法身者。師軌法性。還以法性為身。此身非色質亦非心智。非陰界入之所摂持。強指法性為法身耳。

『観無量壽仏経疏』（大正・37・187ｃ）

無量壽というのは、インド語で阿弥陀仏のことである。本来、身体が無く、寿命も無い。さらに量も無い。世間の常識にしたがって、法身、報身、応身を論じる。さらに、世間の常識に順じて、三量（幾種類もの説がある。二つほど紹介する。古因明の説：現、比、聖教の三。現量は、感覚的知識。比量は、推理による知識。聖教量は、経による知識または、典拠。唯識によれば：心識の作用を分別して、相分を所量、見分を能量、自証分を量果）を説く。真実の仏には、三つはない。世に随っているのだ。この有無の意味を了知すべきである。仏は、本来、無身、無量壽であるというのは、ただ相は、情に随っており三つは有ることは無い。だが性具微妙の身等は無きにしもあらず。この故に、真の仏は、一切浄穢の法門を究竟する。阿弥陀仏の仏心と寿命の量を言うことは出来ないのだ。

法身というのは、法性を師軌として、還って、法性を身とする。この身は、色質でも心智でも無い。陰界入（五蘊、十八界、十二入。蘊処界：一切法を三通りに総摂統合したもの）によって摂持される者ではない。強いて、法性を指して法身とするのだ。

ここでは、無量壽仏の無量壽とその本質（本来の姿）である法身について説明している。無量壽とは、寿命に限りが無いこと、法身は、法性を指す。智顗は、この二つでもって、無量壽仏（阿弥陀仏）の特徴と考えている。

法性壽者。非報得命根。亦無連持。強指不遷不変名之為壽。此壽非長量。亦非短量。無延無促。強指法界同虚空量。此即非身之身。無壽之壽。不量之量也。

『観無量壽仏経疏』（大正・37・187c―188a）

法性壽というのは、要点を言えば不還不変・無壽の壽を寿命とし、法身は、非身の身である。身であって、身で無い。法性を身とするからだ。無量壽仏は、寿命は無量壽で、その仏身は、法性法身だから、いずれも凡夫の常識を超越した壽であり身である。

報身者。修行所感。法華云。久修業所得。涅槃云。大般涅槃修道得故。如如智照如如境。菩提智慧。與法性相応相冥。

『観無量壽仏経疏』（大正・37・188a）

報身というのは、修行によって、その報いとして得られた身である。『法華経』に述べている。久く修行して得られたものだと。『涅槃経』に述べている。仏道を修行して大般涅槃を得たからで、如如の智慧で、如如の対象を照らして明らかにする。菩提の智慧と法性の相とが相応相冥なのだと。

相応者。如函蓋相応。相冥者。如水乳相冥。法身非身非不身。智既応冥亦非身非不身。強名此智為報身。法壽非壽非不壽。智既応冥亦非壽非不壽。強名非壽為壽。……応身者。応同萬物為身也。応同連持為壽也。応同長短為量也。智與体冥能起大用。

『仏説観無量壽仏経疏』（大正・37・188ａ）

相応というのは、箱と蓋がぴったりと合うようなものだ。相冥というのは、水と乳をまぜると、いずれが水でいずれが乳か見分けがつかなくなるようなものだ。法身は、身では無いが、身では無いのでも無い。（身である）智は、既に、冥に応じて、さらに、身にあらずして、不身でも無い。強いて、この智を報身という。法の寿命は、壽でもなく、不壽でも無い。智は、既に、冥に応じ、さらに、壽では無く、不壽でも無い。強いて壽に在らずして壽となす。……応身というのは、道や萬物に応じるから身となす。同に応じて、保ち続けるから壽となす。同に応じて短を量とすると言う。智と体冥とは、大きな働きを起こすことが出来る。

次辨体者。体是主質。釈論云。除諸法実相餘皆魔事。大乗経以実相為印。為経正体。

『観無量壽仏経疏』（大正・37・188ａ）

体について解説すれば、体とは、経の主要な性質のことだ。『大智度論』に述べている。諸法実相を除いて、その他のことは、皆、仏説では無く、魔事である。大乗経は、諸法実相を印（目印）とし、経の正しく体となす。

今此経宗。以心観浄則仏土浄。為経宗致。

『観無量壽仏経疏』（大正・37・188b）

いま、この経の宗要は、浄らかな心で観察すれば、仏土は浄らかであり、経の宗致とする。

常寂光者。常即法身。寂即解脱。光即般若。是三点不縦横並別。名秘密蔵。諸仏如来所遊居処。真常究竟極為浄土。……故以修心妙観能感浄土。為経宗也。

『観無量壽仏経疏』（大正・37・188c）

常寂光というのは、常即法身つまり、法身は常住を具している。常住は、法身の属性であり、法身も常も自性が無いから、縁起の在りようをしている。解脱と寂は即であり、解脱は寂静を具しており、寂静は、解脱の属性であるから、縁起の在りようをしている。般若は光（智慧を意味する）と即であり、同時に具であり、光は、般若の属性だから、両者は縁起の在りようなのだ。

これらの三点（常・寂・光および、法身・解脱・般若の対のこと）は時空および別のものではない（縁起の在りようだ）から、秘密蔵という。諸仏如来が行動し、止まる処は、真実、常住、究竟、最上だから、浄土である。……だから、心を修行して、妙（最高の）観で浄土を感じるから、経の宗要とする。

この段落の説明は具体的で、詳細なので、読んでいただければ、智顗の仏身観、浄土観を理解出来よう。極めて抽象的なものである。それ故、真相に迫っていると言うことが出来る。

さらに、智顗は、浄土には四種類ある、と述べている。

四種淨土。（謂凡聖同居土。方便有餘土。実報無障碍土。常寂光土也。）各有淨穢。凡聖同居土者。五濁軽重同居淨穢。……方便有餘者。（修方便道断四住惑。故曰方便。無明未尽故言有餘。）……実報無障碍者。行真実法感得勝報。色心不相妨。故言無障碍。

『観無量壽仏経疏』（大正・37・188b）

この四種の浄土の中で、最高の浄土である常寂光土は、前で説明したから、ここでは、あらためてしない。簡潔に説明すれば、凡聖同居土というのは、五濁の軽重あるもの、淨穢のものが同居している浄土で、ランクは一番下位だ。次は、方便有餘土というのは、方便道を修行して、四住の惑を断じるから、方便と曰う。無明が未だ尽きないので有餘と言う。……さらにランクが高いのは、実報無障碍という。真実の法を行じて、勝れた報を感得する。色心は互いに妨げないから、無障碍という。

次辨経用。用者力用也。……生善故言用。……往生浄土。即是此経之大力用也。

『仏説観無量壽仏経疏』（大正・37・188c）

経の働きを説明する。用というのは、力用、働きのことで、善を生じるから用と言う。……衆生を往生浄土させることが、この経の大きな働きである。

次に、『仏説観無量壽仏経』に説かれている十六観について、智顗の考えを紹介する。

云何當見阿弥陀極楽国土。正為啓請。答中有十六観。一日観。二水観。三地観。四樹観。五池観。六総観。観一切楼地池等。七華座観。八仏菩薩像観。九仏身観。十観音観。十一勢至観。十二普往生観。十三雑明仏菩薩観。十四上品生観。十五中品生観。十六下品生観。就十六観分文為三。初六観観其依果。次七観観其正報。後三明三輩九品往生也。

『観無量壽仏経疏』（大正・37・191c）

どのようにしたら阿弥陀仏の極楽国土を見ることが出来るのか、正しく、教えを請いたい。答えの中に、十六観がある。日観、水観、地観、樹観、池観、総観、華座観、仏菩薩像観、仏身観、観音観、勢至観、普往生観、雑明仏菩薩観、上品生観、中品生観、下品生観である。十六観に就いて文を分けて三とする。初めの六観は、共に依報（国土等）と果報を観じ、次の七観は、其の正報（仏菩薩等）を観じ、後の三は、三輩九品（上品には、上生、中生、下生。中品にも、上、中、下、下品にも上、中、下に分けているので、九品という）を明かす。

ここで、十六観法のすべてを紹介するのは、煩瑣なので、第八仏菩薩像観、第九の仏身観、第十六の下品生観が重要なので、智顗の見解を以下紹介する。中でも、浄土教では、第十六の下品生観中でも、下品下生観を特別重視する。理由は、最下等の罪悪生死の凡夫でさえ、弥陀の名号の力用によって往生出来ると説いているから、他力往生を説く、法然や親鸞は、下品下生の往生を重視するのだ。この点、智顗は、どのように考えているか興味深いので、是非検証したい。

十六観法の中、第八仏菩薩像観について智顗の記述の要点を紹介する。

第八明像想中有三。初汎明諸仏法身自在従心想生。二是故応當下。偏観彼弥陀。并示観行。三作是観者下。明修観獲利也。法界身者。報仏法性身也。衆生心浄法身自在。故言入衆生心想中。……明仏身自在。能随物現前。明仏菩薩此顕能随也。又法界身是仏身。無所不遍法界為体。入一切衆生心想中者。得此観仏三昧解入相応。故言入心想中也。是心作仏者。仏本是無心淨故有。亦因此三昧。心終成作仏也。是心是仏者。向聞仏本是無心淨故有。便謂修然有異。故言即是。心外無仏亦無仏之因也。始学名作。終成即是仏。若當現分別諸仏。法身與己同体。現觀仏時心中現者。即是諸仏法身之体。名心是仏。望己當果由觀生彼。名心作仏也。正遍知海従心想生者。以心淨故諸仏即現。故云生也。『仏説観無量壽仏経疏』(大正・37・192b)

第八に像想(仏菩薩像観)を明かす中に三ある。初めに、汎く、諸仏法身は自在に心想によって生ずることを明かす。二に、是故は、當下に応ずべし。偏に、かの弥陀を観察する。並べて観行を示す。三に、この観を作(な)す者の下は、観を修行して利益を獲得することを明かすのだ。法界身というのは、報仏法性身のことである。衆生心が浄ければ、法身は自在であるから、衆生心想(心の思い)中に入るというのだ。……仏身は自在であるから現前のものに随うことが出来ることを明かす。仏菩薩はこれを顕すから能随であることを明かす。

また、法界身は、仏身である。法界を本体とするからゆきわたらないところは無い。一切衆生の心の中に入れば、この観は、仏の三昧に解入相応することが出来るから、心の思いの中に入ると言うのだ。この心が仏となるというのは、仏は無心で清らかだからである。さらに、この三昧によって、心は、終に、仏と成るのだ。この心が仏ということは、向に、仏は、本来、無心で浄らかだからであると聞いている。それは、修(行為)によって当然、相違あることを謂うから、即是と言う。(天台では、性と修〈本来の性質と行為〉を説く。ここでは、修を取り上げている。

修と性は、即であり具であり、縁起でもある。）「即是」と言うからには、仏と衆生が、即是だから、具であり、縁起である。それ故、衆生心が無ければ、仏心も無く、衆生心が在れば、仏心も在るのだ。だから、衆生心の外に、仏は無く、さらに、衆生心が無ければ、無仏の原因となるのだ。始めに、名と作用を学び、終に、「即是仏」（衆生心具仏心だから）を成就する。もし、未来、現在に、諸仏を分別すると、法身と自分（衆生）とは、同体である。現在、仏を観察する時、衆生心中に現れるのは、十界互具、一念三千だから、諸仏法身の本体である。これを衆生心は仏と即であり、具であるという。衆生の、未来の果を望むと、この観によって、その果が生じるのだ。これを衆生心が仏を作るという。正しく、すべての知海は、衆生心想から生じるというのは、心浄き故に、諸仏が即時に現れるから、そのように云うのだ（ここでは、衆生心具〈即、縁起〉仏心）。智顗の十界互具、仏界と九の衆生界が互具している、即是である、という論理にもとづいて、この結論に到ったのだ。

第九観仏真法身中有五。……眼見仏身即見仏心。身由心起故見身即見心。由見身心想転明。故得見仏心。仏心者大慈悲心是。以無縁慈普摂衆生。釈論云。慈有三種。一衆生縁。無心攀《はん》縁一切衆生。而於衆生自然現益。如涅槃経。我実不往。慈善根力。能令衆生見如斯事。

『観無量壽仏経疏』（大正・37・192b）

第九の仏法身を観察する中に五ある。……眼で仏身を見ることは、仏心を見ることでもある。身は心によって起こるから身を見ることは、即心を見ることになるのだ。（智顗は、ここで、心が、あらゆる存在を生起する、と言っているのでは無い。彼の、「具」の思想から見れば、心と存在とは、具であり、縁起であると考えているのだ。）身は、心によって起こるから（ここでも、存在心生説では無い。言葉では、「心起」といっているが、彼の思想から判断すれば、ここは、「具」、もしくは「縁起」の意味に理解すべきだ）、身を見ることは、「即」心を見ることだ。（心身互具、心身縁起を言っている。心と身が縁起であるから、心が在れば、身も在る。心が無ければ、身も無いのだ。）身を見ることによって、心想は、明に変わるから、仏心を見ることが出来る。仏心とは、大慈悲心をいう。無縁の慈悲でもって、かつて、衆生を摂取した。『大智度論』に述べている。慈には、三種ある。一に衆生縁である。無心が一切衆生を縁によって攀（引）っぱる。そして、衆生は、自然に、利益を得るのだ。『涅槃経』に述べているように、我（が）は、実際には、止まらない。仏の慈悲の善根力によって、衆生にこのようなことを見せるのだと。

二法縁者。無心観法。而於諸法自然普照。如日照物無所分別。三者無縁。無心観理。而於平等等一義中。自然安住。以無縁慈摂諸衆生。辨仏心相也。念仏衆生摂取不捨者。若為仏慈悲所護。終得離苦永得安楽。……今明無縁慈者。諸仏所被謂心不住有無。不依三世。知縁不実。以衆生不知故。実相智慧令衆生得之。是為無縁也。……以修念仏三昧故発見仏。願生生常値。

如人習巧従少至長所作遂妙。以随念仏三昧故。得生無量壽仏国。故般舟経云。衆生問仏。何因縁得生此国。弥陀仏答。以修念仏三昧得生我国也。……故文云。無量壽仏身量無辺。非是凡夫心力所及。正可取如釈迦毫相大小現。観若得三昧観心成就。方可称彼仏相而観也。

『観無量壽仏経疏』（大正・37・192c—193a）

二に法縁というのは、無心の観法である。諸法を自然に普く照らす。日が物を差別なく照らすようなものだ。三に無縁というのは、無心で理を観察して、平等で、一義に等しい中で、自然に安住するのだ。無縁慈で、衆生を摂取する。仏心の相貌を弁別することである。念仏の衆生を摂取して捨てない、というのは、もし、仏の慈悲によって護られるならば、苦難を終わらせて、永遠に安楽を得るのだ。……今、無縁慈悲を明かせば、諸仏は、心に有無を住することは無いと謂われる。三世に依らなければ、縁が実で無いことを知る。衆生が知らないからだ。実相の智慧がこのことを得させてくれる。これが無縁である。……念仏三昧を修行するから、仏を発見する。願生は常に価値を生む。人がうまく習うことが出来たら、少年から長じてゆくにつれて、行いが、終には、妙になるようなものだ。念仏三昧によるからで、無量壽仏の国に往生出来る。だから、『般舟三昧経』に述べている。衆生が仏にお尋ねする。何の因縁によって、この国に往生出来るのですか。弥陀仏は答える。念仏三昧を修行することによって、私の国に往生出来るのだと。……だから、文に云う。無量壽仏の身体は限りの無い大きさである。凡夫の理解の及ぶところでは無い。正しく、釈迦仏の白毫が相貌の大小を現して取ることが出来るのだ。観察すれば、三昧を得て、観心を成就するようなものだ。まさに、かの仏の相貌を観察して、称賛すべきだ。

この段落の要点である無縁というのは、衆生が、念仏三昧を行じることによって、無心で理を観察して、自然に安住することが出来るし、無量壽仏は、無縁の慈悲によって、念仏の衆生を摂取不捨して、弥陀の仏国に往生させることが出来るということだ。

『仏説観無量壽仏経』の第十六観の中には、三観が述べられている。下品上生観、下品中生観、下品下生観である。浄土教関係者が最重要視したのは、最下位ランクの下品下生観だ。何故か。智顗の記述を検証しながら考えてみたい。智顗は天台学者であって、浄土学者では無い。それ故、浄土学者には無いユニークな思考が考えられる。

第十六下品生観。下品上生者有三。初標。第二従或有衆生下釈。第三従是名下結。釈中有四。初明因。第二従爾時彼仏下。明縁。第三従作是語下。明得生。第四経七七日下。明生後利益也。下品中生者有三。一標。二釈。三結。釈中有四。初明因。第二従吹諸天華下。明縁。第三従如一念頃下。明得生。第四従経六劫下。明生後獲利也。下品下生有三。初標。二釈。三結。釈中有四。初明因。第二従見金蓮華下。明縁。第三従如一念頃下。明得生。第四従於蓮華中下。明獲利。称無量壽仏至於十念者。善心相続至於十念。或一念成就即得往生。以念仏除滅罪障故。即以念仏為勝縁也。若不如此者。云何得往生也。問云何行者。以少時心力。而能勝於終身造悪耶。大論有此責。是心雖少時。而力猛利。如垂死之人必知不免。諦心決断勝百年願力。是心名為大心。以捨身事急故。如人入陣不惜身命。名為健人也。第二利益中有二。初明夫人道悟無生。二明侍女発心也。

『観無量壽仏経疏』（大正・37・194b）

第十六下品生観についてである。下品上生というのは、三ある。初に標（明示する、表す。標識）。第二に釈。第三に結。二の釈の中に、四ある。初に因を明かす。第二に、縁を明かす。第三に、往生を得ることを明かす。第四に、往生の後で獲る利益を明かす。

下品中生に三ある。一に標。二に釈。三に結論。釈中に四あり。初に因を明かす。第二に、縁を明かす。第三に、往生を得ることを明かす。第四に、往生の後に獲る利益を明かす。

下品下生に三あり。初めに標。二に釈。三に結び。釈の中に四。初に因を明かす。第二に、縁を明かす。第三に、往生を得ることを明かす。第四に、利益を獲ることを明かす。無量壽仏を称して、十念（十回弥陀の名号を称すること）あるいは、一念に成就すれば、往生を得る。念仏によって、罪障を除滅するからだ。即時に、念仏は勝れた縁となる。もし、このようで無ければ、どうして往生を得ることが出来ようか。問う。どうして行者は、わずかの時間に、わずかの力によって、生涯にわたって造った悪を克服することが出来るのか。『大智度論』にこの尋問がある。この心は、わずかの時に、わずかの力で利益を得ることは難しいが、死になんなんとしている人が、それを知ることを免れないように、心の願力を諦れば、百年の願力に勝る。この心を大心という。身を捨てることによって念ずるから、人は不惜身命に入陣するようなもので、健全な人という。第二に利益の中に、二あり。初めに韋提希夫人が道の無生を悟ることを明かす。二に侍女の発心を明かす。

下品下生は、浄土教学者だけでなく、智顗も重要だと見ているらしく、具体的で詳細な解説をしている。最下層の、罪悪深重な人の往生は、その他のすべての人の往生を約束するからだ。

智顗は述べる。下品下生の人は、阿弥陀仏の名号を十回称えて、一念の中に成し遂げれば、弥陀の極楽に往生することが出来る。弥陀の名号によって、罪障を滅することが出来るからだ。念仏は、即の時に働いて、罪障を除滅するからだ。ここには、弥陀の名号に頼る智顗の他力思想が表現されている。智顗は、さらに、より一層、念仏の力用の力強さを強調する。それは、行者の臨終において発揮されるのだ。

次の問答に、それは示されている。質問の意は、行者は、どうして、極めて少ない時間で、非力によって、彼が生涯にわたって造った罪に打ち勝つことが出来るのかと。この問いは、弥陀の名号の力用のすごさを引き出すための誘導尋問である。智顗は、『大智度論』の論述を引用して、「臨終を迎えた人が、大心の願力を諦めれば、百年の願力に勝ると。大心と言うからには、人の心では無い。弥陀の心と解釈するのが正しい。それは、身を捨てて事に当たり、必死に念ずるから、弥陀も感じて、その大心によって、臨終の人に応ずるのだ」と。つまり、まともな人は、臨終に臨めば、自身の未来を決するために、不惜身命の境地となり、真心を込めて弥陀の願力に頼るからだ。健全な人は、押し詰まった時間の中で、非力な自己を、よく自覚しているから、もはや、弥陀仏の願力に頼る以外に、往生の道が無いことを知らされるのだ。彼は、自己をたのまず、完全にいなおって、弥陀の願力に頼りきると、智顗は断言するのだ。長年にわたって、厳しい修行をして来た故の結論であろう。

次に、流通分について、智顗は、自身の見解を述べる。この経の流通分では、阿難が質問して、これに釈迦仏が答える形式で述べられている。

問経名字。上来所説言義非一。當於何義而名此経。此法之要云何受持。問受持法。仏答。名観極楽無量壽仏観音勢至。……次明有益行。前十六観門得大利益。……明其念仏菩薩之益。但得聞名除無量罪。何況憶念。明念仏菩薩有大利益。挙劣況勝。念仏者人中分陀利華。

『仏説観無量壽仏経疏』（大正・37・194c）

経の名字を問う。昔から説かれている義は一つでは無い。どのような意味でこの経を名付けたのか。この法の要点を云えば、何を受持するのか。受持の法を問う。仏は答える。極楽無量壽仏観音勢至と名付ける。……次に益行があることを明かす。前の十六観門は、大利益を得る。その念仏の菩薩の利益を明かす。但、名号を称すれば、無量の罪が除かれる。まして憶念するをや。（憶念する方が、念仏するよりも利益は大きいと。この点が、天台僧の智顗と浄土教者との大きな相違点だろう。）念仏の菩薩に大利益が在ることを明かす。愚劣の者ですらそうであるから、まして況や勝れる者をや。ここでは、念仏するよりも憶念する方が、愚劣よりも勝れる方が利益が大きいと考えている。

と言うけれども、念仏の人は、人中の分陀利華である。念仏者は、人中では、最も優れているのだと。この結論では、念仏者は、人の中では、最も優れていると。矛盾しているように見えるが、これが智顗の本音だと、私は考える。

不滅者諸法散時。不守自性。言我散滅。此散滅時。去無所至。故言不滅。非謂因縁生外。別有不生不滅。亦非不求生浄土。喚作無生為此中。論偈云。因縁所生法。我説即是空。亦名為仮名。亦名中道義。又云。諸法不自性。亦不従他生。不共不無因。是故知無生。

『浄土十疑論』（大正・47・78a）

不滅とは、諸法が散[39]じる（縁に応じて衆生に応じる。不変の真如が随縁する）時、自性のままでは存在しない。（無自性である。）我（が）が散じ滅すると言うのである。この散じ滅する時、去って行くところは無い。だから、不滅というのである。因縁生（縁起の在りようをしてい

39　散もしくは散滅は、和合の反対概念である。

る）では無いものはない。別に（因縁生の他に）不生不滅があるのではない。さらに亦た浄土を求めないのではない。だから、無生とよぶのである。このために、『中論』の偈に云う。「因縁によって生じた存在は、私はそのまま空と説き、さらに、仮名と言い、さらに中道義と言う。又云う。諸法（あらゆる存在の在りよう）は、自性ではない。さらに、他より生ずるのでもなく、何かと共に生ずるのでもなく、原因が無くて生ずるのでも無い。だから、無生であると知るのである」と。

ここに、伝灯の著作の題名の一部である「生」と「無生」が登場する。その成立の基盤は、無自性と縁起（因縁所生）である。智顗の『浄土十疑論』のこの問答が、伝灯の『浄土生無生論』の主題を説明している。故に、私は、伝灯のこの書に最も大きな影響を与えたのが、智顗であると指摘するのだ。

要約すれば、あらゆる存在の在りようは、縁起の在りようであり、我は存在せず、自性が無くその故に、無生である。だから、浄土も無生である。それゆえ、『中論』の偈に、「因縁より生じた存在は、空であり、仮であり、中道を意味する、と私は説く」とあるのだ。

以上の検証によって、智顗の、この『浄土十疑論』の浄土の無自性説・縁起説、無生説に啓発されて、伝灯は、『浄土生無生論』を書いたのだ。

結語

智顗は言う。『仏説観無量壽仏経』は、心の観察を宗要とする。無量壽仏という仏は、主体が観察する優れた対象である。仏を取り上げることによって、仏果をも収めとることが出来る。何故ならば、教化する衆生を包み込んでいるからだ。さらに、この経は、心観を宗要となし、実相を体とする。仏は、すぐれた境（止観の対象）である。「衆生心中の仏」、「仏心中の衆生」の言葉のように、教化する仏は、あらゆる処で教化の対象である衆生を包含しているから、十六観法を行ずれば、あらゆる処で仏を観察することが出来るのだ。

仏は、法身である。止観は、般若であり、解脱は、永遠の生命であるから、この一を具すれば、三に到達し、この三を具すれば、一を窮めることになる。一つの中は、無量を解し、無量の中《ちゅう》を解すれば、一つの中を解するのだ。要するに、一つの経を窮めれば、どうして、一切経を窮められないことがあろうか。究竟とは、妙覚・仏果のことで、理即が仏を具しているのとは逆に、究竟即とは、仏果にも衆生を具していると言う意味である。そして、理仏と究竟仏は、互具、縁起の関係にある。

国土（浄土）一念の関係については、経では、極楽は、ここから西方、十萬億仏刹の彼方に在ると説かれているが、仏力によって、仏の頭の頂に、極楽は現れる。一念の能縁によるから、遠くない。縁起の法に依って、一念に安楽国土は在るから、遠くは無いのだ。

仏と衆生心について、智顗は説く。「無量壽」というのは、「阿弥陀仏」のことで、本来、法身で、法性をさし、身体が無く、寿命も無く、量も無い。法身は、身ではないが、同時に、身と称するからには、身でも無いのでは無い。此れが、阿弥陀仏の特徴である。仏身については、三身（法身、報身、応身）をいう。仏心は、法身（法界身）であり、その体は、法性を法規とし、法性を身とする。法界の、あらゆる所に遍く。観仏三昧を行ずれば、法身が衆生心に入るると言うことの意味は、法身と衆生心は、縁起の関係であるということだ。これは、伝灯の『浄土生無生論』の思想と変わらない。報身というのは、修行によって仏果を得た仏身をいう。応身とは、道や萬物に応じるから身となす。この心が仏になるとは、この心がそのまま仏とは、即是という意味であり、具、縁起ということで、この衆生心の外に仏は無く、また、仏になる因も無いのだ。衆生心と仏とは、お互いに、関わることによってのみ存在しているのだ。

智顗は、仏身観に就いて次のように説く。眼で仏身を観ることとは、同時に、仏心を観ることでもある。身は心によって起こるから、身を観ることによって、心想は明に変わるから、仏心を観ることが出来る。仏心とは、大慈悲心である。この無縁の慈悲によって、あらゆる機根の衆生を救済するのだ。

念仏三昧を行ずれば、仏を観ることが出来る。阿弥陀仏の浄土に往生するためには、念仏三昧を修行しなければならない、というのが智顗の考えである。さらに、智顗は、機根が、最下劣の

下品下生の往生について、

下品下生有三。……称無量壽仏至於十念者。善心相続至於十念。成一念成就即得往生。以念仏除滅罪障故。即以念仏為勝縁也。若不如此者。云何得往生也。

『観無量壽仏経疏』（大正・37・194b）

智顗の十界互具の説によれば、すべての十界には、仏界は具されているから、本来、衆生は、阿弥陀仏に救われているのだ。これは極めて重要で、親鸞の他力思想の冥伏した土台と考えられる。「一念成就即得往生」であり、「以念仏除滅罪障故」でもあり、その理由は、「即以念仏為勝縁也」だから。さらに、極楽国土に生まれたいならば、『仏説観無量壽仏経』に説かれている優れた十六観法を修行して、阿弥陀仏を観ることを願うべきであると。この十六観法は、『仏説無量壽経』に説く、第二十願文の「植諸徳本」（専修念仏、自力の念仏）に励み、さらに、阿弥陀仏の本願力（他力）の働きによって、行者は、極楽浄土に往生出来ると、智顗は考えている。さらに、下品下生の人は、『仏説阿弥陀経』によれば、阿弥陀仏の名号を十回称えて、一念相続を成し遂げれば、弥陀の極楽浄土に往生することが出来る。弥陀の名号の力用は、あらゆる罪障を除滅するから、智顗は『大智度論』の記述を引用して、「臨終を迎えた人が、大心の願力をさとれば、百年の願力に勝る」と。大心というからには、人の心では無い。弥陀の仏心である。行者が、身を捨てて事にあたり、必死に念ずるから、弥陀も、その心に感応して、臨終の来迎に応えるのだ。人は、臨終に臨めば、今まで犯してきた深重の罪業によって赴く地獄の恐怖から、不惜身命の境地となり、至心に弥陀をたよるからだ。

第四節　『仏説阿弥陀経義記』

この『仏説阿弥陀経義記』は、極めて短く、『大正新修大蔵経』では、わずか二ページ弱しかない。従って、『阿弥陀経』の全貌を解説したものではなく、ざっと全体像の要点だけを取り上げて、コメントしたものだ。智顗の記述の中から、私見で、伝灯の思想に関係が認められるところのみを紹介する。

まず、冒頭の部分から取り上げる。

夫至聖垂慈照機応迹。開導六道普済十方。遂境昇沈隨縁淨穢。斯則善権摂誘引趣菩提。是故大覚弥陀昔弘誓力応形極楽現処道場。三輩願生皆入定聚。色像殊勝壽量難思。宝樹天華咸能演法。清風流水倶説妙音。聞唱苦空証無生忍。釈迦聖主本願弘深。不捨慈悲。化茲穢境五痛焼然八苦煎逼。廣明誡勸遍洽（うるおす）群品。示其妙術十念往生。四衆奉行依教修観。説有廣略時処不同。霊鷲宣揚三種浄業。舎衛敷演六方護念。阿弥陀者天竺梵音。震旦釈言為無量壽。化主極号以立嘉名。経者訓常。出聖人口此即釈尊所説語西方事故言経也。即斯一教在文雖約明義実繁。総語西方安養国界。

『阿弥陀経義記』（大正・37・306ａ）

かの至聖（阿弥陀仏）は、慈を垂れて、機（救済の対象である凡夫）を照護し、真如から随縁して凡夫に応じる。六道（天、人、修羅、餓鬼、畜生、地獄）、十方（東、西、南、北、東北、東南、西北、西南、上、下の方角）、境（機のこと）を遂って、昇ったり、下ったりし、浄穢の縁に随って、すべての機を救済し、誘って悟りに趣かせるから、偉大な覚者弥陀である。かつて、弘誓の力用で、まさしく、極楽を形作り、現に道場に居るのである。三輩（上品、中品、下品）は、皆、願って極楽に往生して、仏となる。阿弥陀仏の姿は、ことに素晴らしく、寿命は、思い量ることは出来ない。極楽浄土の宝樹や天華は、ことごとく、弥陀の教を説法している。清風や流水も倶に妙音で弥陀の法を説く。その説法を聞けば、苦は空ぜられ、悟りを証する。釈迦牟尼仏は、その本来の願いは、深く広いし、慈悲の心を捨てずに、この穢境である娑婆の五つの苦しみに焼かれ、八苦が逼迫している衆生を教化し、広く戒めを明かして群生をうるおすことを強く勧めている。素晴らしいテクニックによって、十念によって往生出来ることを示している。四衆を奉行して、教によって観を修めて広略時処に異なりがあることを説く。霊鷲山で三種の浄い働きを宣揚して、舎衛国では、六方護念を敷衍した。阿弥陀はインド語で、中国語に約すと、無量壽となる。阿弥陀は、名号を最高のものに仕上げて、勝れた名にした。経というのは、訓で、常に、仏の口から出て、これは、釈迦仏によって説かれた事柄であるから、経と言うのだ。この一教は文に在り、意味を明かせば、繁雑であるけれども、すべては、西方安養の国土を、極楽世界を語っている。

第一釈名。従人。標称。依教修習往生彼国。第二辨体。法性真如諦心観察証常楽果。第三宗致。浄土機縁妙楽荘厳化像迎摂第四力用。破除愛見五住塵労正習倶尽。第五教相。帯別挟通生熟醍醐総為教相也。分文三段。序正流通。略無別序。通中具六。第一如是者決定之辞。大聖観機。為多瞋者略説深妙。為多貪人廣開秘密。為多無明者処中而説。言不虚発応物逗《とう》縁。

『阿弥陀経義記』（大正・37・306ａ）

第一に経の名を釈し、人について論じ、標称を述べる。教えによって、行を修習して、弥陀の浄土に往生するのである。

第二に、体について論じる。法性真如の諦（法性真如を観察の対象とするということ）を、心によって観察して仏果を悟るのだ。第三に宗要というのは、浄土の機縁として、妙楽の荘厳化像によって、機を来迎して救い取るのだ。第四に力用というのは、機の誤った見解を破壊して取り除き、五住塵労正しい修行によって滅尽するのだ。第五に、教相というのは、通教の生熟と円教の醍醐を備えていることすべてを教相とする。
文を三段に分ける。序分、正宗分、流通分だ。略して無別序である。通の中に六を具す。第一の如是というのは、決定の言葉である。釈迦如来は、機根を観察して、瞋り多き者のために、深妙の法を説いた。貪り多き者のために、広く秘密を開いて法を説いた。無明多き者のために、中道に処する法を説いた。その言葉は虚しく無く、発した言葉は、機に応じ、縁に逗まったのである。
智顗は、ここでは、『仏説阿弥陀経』の大まかな構造と、仏説の内容を説明している。この経には、序分、正宗分、流通分がある。釈迦仏は、機根に応じて、法を三つに分類して説いている。瞋恚の人には、深妙の法を、貪欲の人には、秘密の法を、無明の人には、中道の処し方をと。これらは、あくまで、機縁に基づいている。

正説為二。初明彼仏依正二果。次勧物往生。初復為二。前標次釈。前標国界。後明化主。此経命章対舎利弗。餘経皆有請主。此経無問自説。……標依果中前明近遠。従是西方過十萬億仏土有国名極楽。望賢首猶是下品。但比娑婆故言極楽。彼有三名。極楽対苦。安養従用。無量壽国者遂人名国。次出正果号阿弥陀。其実有量。以餘人不能称数。

『阿弥陀経義記』（大正・37・306b—c）

正説を二とする。初に弥陀仏の依報正報の二果を明かす。次に機に極楽往生を勧める。初をまた二とする。前は標、次は釈だ。前の標は、極楽世界、後は、教化の主である。この経のスタイルは、無問自説だから、誰かの請いによって説かれたものでは無い。文章は、舎利弗に呼び掛けて説かれている。他の経は、すべて、請い主がいる。だが、この経は、無問自説なのだ。……標の依報の果の中で、前に遠近を明かす。これより西方十萬億の仏国土を過ぎて、極楽と言う名前の国がある。賢首が望めば、なおこれは下品であろう。但だ娑婆と比べるから極楽という。この国に三の名前がある。極楽は、苦に対する。安養は、働きに従う。無量壽国は、人について国を名付けたものだ。次に、正しく果を出せば、阿弥陀と号す。その実、量がある（限りがある）が、余人をもっては、数を云うことは出来ない。

次辯正果文復有二。前明化主次辨徒衆。化主又二。初辨光明無量次述壽命無限。大品云。欲得光明無量壽命無極。『阿弥陀経義記』（大正・37・307a）

次に正しく果を論じる文もまた二ある。前は化主を明かす。次に徒衆を論じる。化主に又二。初に光明無量を論じる。次に寿命無限について述べる。『大品般若経』に説く。光明無量壽明無限を得んと欲すと。

この段落では、阿弥陀仏の二大特徴である光明と寿命（智慧と命）について述べている。先の段落で、「其実有量」、「以餘人不能称数」と述べているから、「無量」も「無限」も限りがあるが、凡人が認識出来ない数量の大きさだと、智顗は考えている。中国語の表現では、無限は、「常住」「恒住」とは異なる概念らしく、日本の仏教者が理解している「無量の寿命」が「死なない命」とは、意味が異なるのだ。中国では、無量壽仏は、はるかな未来のいつの日にか、命は尽きるのだ。

次示往生方法。就初又二。初正勧次釈勧意。舎利弗以少善下次示方法。問前云不可以少善。後何云一日七日心不散乱皆得往生。答今不以時日為多少。特由用心厚薄耳。若能七日一心不乱。其人命終阿弥陀仏以宿願力化仏迎接。心不顛倒即得往生。何以故臨終一念用心懇切即當得去也。我見是利即是釈意。応當発願一心修行。発願荘厳行願相扶必當得往生也。

『阿弥陀経義記』（大正・37・307a）

次に、往生の方法を示す。初について二。初に、次の釈を勧め、意を勧める。「舎利弗以少善下」の次に往生の方法を示す。問の前に云う。少善を以てするべきでは無い。後に何ぞ、一日から七日、心が散乱しなければ、皆、極楽に往生を得ると云うのか。

答える。今は、時日の多少を云うのでは無い。とりわけ、心を用いることの厚い薄いを云っているだけである。もし、七日の間、一心不乱に出来れば、その人が、命終わる時、阿弥陀仏は、宿願力でもって、教化して来迎する。その人の心が顚倒しなければ、忽ち往生を得るのだ。どのような理由で、臨終の一念心を用いることが懇切ならば、直ちにこの世を去ることが出来るのか。私が此の利益を見るところが、即、解釈の意味である。荘厳の願を発して、願を行い、助け合って、必ず、往生を得るのだ。

この段落の文章は長いが、重要な点は一つだ。「どうして、一日ないし七日、心が散乱しなければ、皆、誰でも往生出来るのか」という問いに、「一日ないし七日、というのは、時日の多少を云うのでは無い。ただ心を集中することの、程度を述べているに過ぎない。さらに、七日の間、一心不乱に念仏すれば、その人の臨終の時、阿弥陀仏は、宿願力によって、来迎して、その人の心が顚倒しなければ、ただちに、往生することが出来る」と釈迦仏は、答えている。以上から、臨終の一念が、顚倒せず、一心不乱に念仏することの重要性を説いている。智顗が『仏説阿弥陀経義記』（『義記』）を書いた主要な目的は、この一点にある。彼は、『仏説観無量壽仏経疏』の中で、『仏説無量壽経』の四十八願を取り上げて、第二十願（果遂の願）の念仏往生・専修念仏を最も重要な願と位置づけた。当時の中国浄土思想には、親鸞が提唱した絶対他力の弘願の概念は無かった。この弘願の重要性を認識したのは親鸞である。彼は、自身の機根を厳しい目で、客観的に、冷静に認識して、わずかでも行者の自力が浄土往生に必要とされるならば、自身の浄土往生は不可能であることを自得し、そんな自分でも往生する方法が在るのではないかと考え、『一切経』を、繰り返し繰り返し読み、弥陀の慈悲の真の意味に気づいたのだ。『仏説大無量壽経』

の四十八願の願文と中国の曇鸞の『浄土論註』の「至心廻向」の句を見て、一つのヒントをつかむ。その前提には、彼が師と仰ぐ法然の他力往生思想があるが、それを土台にしつつ、自身の「阿弥陀仏の大慈悲は、一切衆生の救済こそ、その本質だ」と見抜き、独自の発想から、先の、『浄土論註』の「至心廻向」の句を、中国人なら決して読まないであろう読みをした。即ち、「至心に廻向したまえり」と。この至心は、自身が成るのではなく、阿弥陀仏の手元で成就され、親鸞に下されたものなのだと解釈した。この思想により、『仏説無量壽経』の第十八願の「至心信楽」の句もまた、阿弥陀仏から、「至心に廻向されたことを信楽させていただく」もしくは、「阿弥陀仏の本願力によって救済されることを慶ばせていただく」という解釈をして、この第十八願こそ、弥陀の根本の願い、本願と位置づけるのである。さらに、『仏説阿弥陀経』の「一日乃至七日の一心不乱による臨終往生」も、他力の念仏者は、平生業生であるとして、極めて難しい臨終往生の思想を退けた。このような解釈は、智顗の頃には存在せず、彼は、『仏説無量壽経』、『仏説観無量壽経』、『仏説阿弥陀経』を文字通り読解して、『仏説無量壽経』の第二十番目の果遂の願の専修念仏こそ、浄土往生のための最易行だと理解して、『仏説阿弥陀経』の、臨終往生を紹介するために、この経の『義記』を著述したのだ。彼の信念から、それ故、この『義記』は、存在することになった。この『義記』は、極めて短編にもかかわらず、『新修大正大蔵経』に収録されるほど、高い評価を受けているのだ。

だが、再度力説するが、我ら凡夫が、臨終の一念に、正念を保つことは、容易ではない。不可能だと断定してもよい。だから、親鸞は、弥陀の真意を理解した時、弥陀の絶対他力と平生業生を説いたのだ。我々凡夫の往生は、弥陀の本願力のみで決定する。その往生が決まるのは、臨終という特殊な時間ではなく、弥陀の救済を確かなものと受け止めた時、（平生）往生が決まるとする。これこそ、弥陀の大慈悲心にかなうものだ、と受け止めたのだ。念仏往生を願う人が、臨終の一念を待たねば、往生が決まらないのは、行者にとって、極めて不安である。しかも、その一瞬に正気を保つことは、極めて難しく、ハードルは高い。だれにでも出来ることでは無いのだ。両者に、なぜ、このような違いが生じたのか、という詮索は、極めて興味深い問題であるが、ここではしない。この論文の主題では無いからだ。ここでは、智顗の念仏往生観の論述が主要なテーマだからである。

結語

智顗のこの『義記』は、極めて短編のため、『仏説阿弥陀経』の全体、詳細を解説したものでは無く、ざっとした全体像の紹介と、要点のみに触れている。彼は、自身の関心が高い「如是」について論じる（『法華玄義』参照）。智顗は云う。

第一如是者決定之辞。大聖観機。為多瞋者略説深妙。為多貪人廣開秘密。為多無明者処中而説。言不虚発応物逗縁。『阿弥陀経義記』（大正・37・306ａ）

「如是」と云うのは、決定の言葉である。その理由について、釈迦如来は、機根を観察して、瞋多き者のために深妙の法を説き、貪多き者のために、広く秘密を開いて、法を説いた。無明多き者のために、中道に処する法を説いた。その言葉は虚しくは無く、発した言葉は、機に応じ、縁に逗《とど》まったのだ。この経の正説を二とする。初めに弥陀仏の依報正報の二果を明かす。次に、機に極楽往生を勧める。依報の果の中で、浄土の遠近を明かす。

従是西方過十萬億仏土有国名極楽。望堅首猶是下品。但比娑婆故言極楽。彼有三名。極楽対苦。安養従用。無量壽国者遂人名国。次出正果号阿弥陀。『阿弥陀経義記』（大正・37・306ｃ）

是より西方十萬億の仏国土を過ぎて、極楽という名前の国がある。堅首が望めば、なおこれは下品であろう。但だ娑婆と比べるから極楽という。この国に、三つの名前がある。極楽は苦に対し、安養は働きに従い、無量壽国は、人について国を名付けたものだ。果を出せば、阿弥陀と呼ぶ。阿弥陀仏の二大特徴は、光明（智慧）と寿命である。

下品下生の人の往生こそ、この経の眼目であり、行者は、臨終の時、善知識に逢い、弥陀の名号を十念相続し、一日乃至七日、正念を保ち、称名念仏すれば、弥陀は、その人に感応して来迎し、極楽往生を遂げさせる。この思想は、『仏説無量壽経』の第二十願・果遂の願と同じで、行者の植諸徳本（専修念仏）の廻向によって、至心に極楽に往生を願えば、阿弥陀仏の力用によって、実現すると。

さらに、この経の流通分では、阿弥陀仏と衆生とは、特別の関係に在り、法滅に際しても、阿弥陀仏は、この経を、特別に百年間長く留めて、すべての衆生を救済することを解説している。

第三章　四明知礼の浄土思想

第一節　『仏説観無量壽仏経疏妙宗鈔』

四明知礼は、湛然とともに、中国天台の中興の祖と称せられている人物である。にもかかわらず、というか、それ故に、というか、極めて敬虔な浄土信仰の人である。この『観無量壽仏経疏妙宗鈔』（『疏妙宗鈔』）を読めば、うなずける。

四明知礼が『疏妙宗鈔』を書いた『仏説観無量壽仏経疏』というのは、正確には、『新修大正大蔵経』の三十七巻に収蔵されている智顗の『仏説観無量壽仏経疏』（『疏』）のことである。知礼は、この『疏』の註釈書を書いたのだ。知礼が何故、智顗の『疏』に『疏妙宗鈔』という註を付けたのかは、知礼の本文よりうかがうほかはないが、妙宗と呼称しているからには、智顗の

『疏』が素晴らしいと言うことは、一つの要因だろう。事実、私も智顗の『疏』を読んで、その内容の素晴らしさに感銘を受けた。幽渓伝灯も、『浄土生無生論』に智顗の『疏』の影響が見えるから、同様な考えだったのではないか。

さて、『疏妙宗鈔』の内容に入る。この書は、六巻で構成されている。智顗の『疏』よりもはるかに長文だ。知礼は冒頭に、次のように記述している。

此経義疏人悕《き》浄報。故説聴者多矣。所稟宝雲師。首製記文。相沿至今。著述不絶。皆宗智者。豈有不知修心妙観。感四浄土文義者耶。良以愍物情深適時智巧。故多談事相。少示観門。務在下凡普霑《てん》縁種。……鈔数千言。上順妙宗。略消此疏。適時之巧。非我所能。願共有情。即心念仏。乃此鈔所以作也。天禧五年。歳在辛酉。重陽日下筆故序。

『疏妙宗鈔』（大正・37・195a）

この経の義疏に、人は浄土往生を請い願う。だから、説き聞く者は多い。宝雲師が与える所は、始めに製作した文章を記録する。それに沿って今に至っている。著述は、絶えることが無い。皆宗智というのは、どうして、心を修することが優れた観法で、四種の浄土を感じるという文の意味を知らないものがあるのか。阿弥陀仏は、実に、衆生を憐れまれて、深い情をもって、時機にかなった、巧みな智慧によって、多くの存在の在りようを説き、少しの観門を示し、下品の衆生のためすべてに、因縁を施すことに努められたのだ。……この鈔は数千言であり、上は妙宗（天台の優れた教義）に順い、此の疏を省略消去した。時機に巧みに叶うことは、私の得意なことでは無い。願くば、衆生と共に在りつつ、心に念仏して（観念の念仏であって、称名念仏では無い）、この鈔を作ったのであると。

天禧五年。歳は辛酉の重陽（九月九日）の日。故序を書き終える。

以上の序文を読むと、知礼が、この『疏妙宗鈔』を制作して、智顗の『疏』の註釈を付けた意図が理解出来る。阿弥陀仏の慈悲は、あらゆる下品の衆生のために、正しい因縁と巧みな智慧方便とによって、十六観の法門を示された。つまり、知礼は、此の『仏説観無量壽仏経』の十六観法が説かれた理由を、上のように、仏の慈悲と智慧によると解説する。阿弥陀仏という名前の意味に、無量壽、無量光の意味があり、仏の光は智慧を意味し、仏の無量壽という名前は、大慈悲のことであるから、知礼は、それを讃へ、弥陀の智慧と慈悲により、この十六観法は説かれたと述べているのだ。

それ故、衆生と共に、心に念仏しながら、この『疏妙宗鈔』を書いた、という。彼が、敬虔な念仏者であったことがうかがえる。ここで、彼を、念仏者と呼ぶのは、称名念仏の行者という意味では無く、仏を観察する念仏者という意味だ。知礼が、智顗の疏に注釈をつけた『仏説観無量壽仏経』は、経題が示しているように、無量壽仏を、観察する経という意味で、観仏の方法を説き示すために、説かれたものだからである。知礼が、念仏というほとんどの場合は、仏体、仏像、第十六観法もまた、これらの対象を観察することに、重点をおくのである。だが、第十六観法での、臨終の極悪、誹謗正法の人が、苦に逼迫した瞬間の念仏は、可能性からいっても、称名念仏であり、事実、知礼も、そのように説いている。この『疏妙宗鈔』では、この経の内容に、両者の意味があることを、知礼は、見抜いているのだ。この十念の念仏は、弥陀の名号の称名念仏である故に、臨終の罪人、下下品の人すら、浄土に往生出来るのだ。弥陀の誓願の本質が、すべての衆生の救済にあるから、弥陀という仏の本質を押さえるならば、そのような解釈が、最も妥当であることは、納得いただけよう。

此之疏題。仏等八字。備挙経目。皆是所釈。唯疏一字是能釈也。『疏妙宗鈔』（大正・37・195a）

この「疏」の題、仏などの八字は、経目を具体的に示している。この中で、「疏」の一字を除いて、他は所釈で、「疏」の一字だけで、解釈である。

観者。総挙能観。即十六観也。無量壽仏者。挙所観要。摂十五境也。……能観皆是一心三観。所観皆是三諦一境。……一切諸法皆是仏法。所謂衆生性徳之仏。……法界一相即是如来常住法身。依此法身説名本覚。故知果仏円明之体。是我凡夫本具性徳故。一切教所談行法。無不為顕此之覚体。故四三昧通名念仏。但其観法為門不同。『疏妙宗鈔』（大正・37・195a―b）

観というのは、総じて、能観については、すなわち十六観である。この経の題が、『仏説観無量壽仏経』となっているように、観は、この経では、重要な概念だ。具体的には、十六の観法を述べている。後で触れるが、この中でも、仏菩薩像観、真仏観と第十六番目の中でも、特に、下下品観が重要だ。

無量壽仏というのは、所観（観法の対象）の要で、十五の境（観察の対象）を含んでいる。『仏説観無量壽仏経』の経題が象徴しているように、無量壽仏を観察するための経だから、当然、無量壽仏こそが、行者の観察の主要な対象であることはいうまでもない。……能観（観察する主体のことをいう）というのは、一心三観（ここで、一心というのは、行者の己心である。この己心は、特別な心の状態のことではなく、日常の、ふと生じる妄心で、この妄心の在りようが、三千・真如を具しており、即空、仮、中だから、次のようにいうのだ）のことで、空観、仮観、中観である。観の対象になるのは、三諦、即ち、真諦、俗諦、中諦が、一境（一つの観の対象）だ。（智顗の止観の場合は、三観は、主体のがわの行為であり、三諦は、その対象となる客体のことである。三観には、三諦が対応しているのだ。）……あらゆる存在は、皆、仏法である。（これは、仏の目から見た表現である。）一切法といっても、無自性であり、縁起の在りようをしているから、一切法が存在すれば、仏法も存在し、一切法が存在しなければ、仏法も存在しない。これは、縁起の在りようを示している。一切法には仏法を具しており、仏法には、一切法を具している。此のところを、智顗は十界互具といっている。一切法は、法界のうちにあり、(仏界、菩薩界、……地獄界の十界に含まれる。仏界も、十界に含まれているのだ)いうなれば、衆生が本来、具している仏(天台では、これを、六即の仏、すなわち、理仏、……究竟仏のことをいう)は、理即の仏であり、如来蔵ともいう。……如来の常住の法身は、法界の相貌(在りよう、すがた)であり、この法身を本覚というから、仏果の円満で明らかな本体を知るのだ。ここで、知礼は、本覚と、始覚の二つの覚を説く。本覚というのは、六即で言えば、究竟即であり、仏果のことだ。始覚というのは、衆生に、本来、具している仏性であり、衆生心中の仏であり、天台で言う理即等の仏をいう。これこそ、我々凡夫が、本来、具足している本性の徳だから、すべての教えに説かれている行法は、この覚の本体を顕証するのだから、四種三昧に通じることを、念仏という。(知礼は、あくまで、観念の念仏を説いている。)ただし、その観法の門は、同じでは無い。

若此観門及般舟三昧。託彼安養依正之境。用微妙観。専就弥陀。顕真仏体。雖託彼境。須知依正同居一心。心性遍周。無法不造。無法不具。若一毫法従心外生。則不名為大乗観也。行者応知。拠乎心性観彼依正。依正可彰。託彼依正。観於心性。心性易発。所言心性具一切法造一切法者。実無能具所具能造所造。即心是法。即法是心。能造因縁及所造法。皆悉當処全是心性。是故今観。若依若正。乃法界心。観法界境。生於法界。依正色心。是則名為唯依唯正唯色唯心唯観唯境。故釈観字。用一心三観。釈無量壽用一体三身。体宗力用義並従円。

『疏妙宗鈔』（大正・37・195b）

この観門および般舟三昧のごときは、かの安養浄土の依報（浄土）と正報（阿弥陀仏）を対象として、妙観を用いる。専ら弥陀仏について、真実の仏の本体を顕示するのである。かの対象によせると雖も、仏と浄土が一心に同居しており、心はあらゆるところに行き渡り、心によって造られ無い法は無く、具され無い法は無い。（知礼は、心造を云うが、同時に、心具をも云うから、一切法が、心生、心造と考えているのではなく、心具説で、その根拠は、心と一切法は、縁起の在りようをしているという考えが其底にある。これは、智顗の思想の継承である。だが、この縁起説は、華厳や、禅、『大乗起心論』の思想が天台に影響を与えるようになると、忘れ去られてしまい、真心、妄心の論争が勃発する。だが、智顗が、心と一切法とが縁起の在りようだと、『魔訶止観』に説いているのを読めば、真心説や心生説の誤謬は、容易に発見出来よう。）

『魔訶止観』の云う、「介爾の一念」について考えよう。法と謂うものは、そこはかとない、日常の迷いの心の外に生じるのでは無い。そのようなものは、大乗の観とはいわないという説に落ち着く。行者は知るべきである。己心によって、かの仏と浄土を観察する。仏と浄土・かの依報と正報（人と国土、つまり、仏と浄土）は、己心によって彰われることが出来る。知礼は考える。己心を観察するのは、己心は発し易い。己心には、一切法を具し、一切法を造るというのは、実は、能具所具能造所造無く、心に即して法であり、法に即して心であるからだ。能造の因縁および所造の法は、皆、悉く、それらが存在する処は、すべて、已心なのである。この故に、今、この観によって観察する、もしくは、浄土、もしくは、阿弥陀仏は、法界心であり、法界の対象を観察すれば、法界を生ずるのだ。浄土、阿弥陀仏、存在、心、をただ浄土、ただ阿弥陀仏という。存在は、ただ心であり、ただ観であり、ただ観の対象である。だから、観の字を解釈すれば、一心三観（一心に空観、仮観、中観を具する）を用い、無量壽を解釈すれば、一体三身（阿弥陀仏の体に、法身、報身、応身がある）を用いることを解釈することになり、体、宗、力用の意味は、このような内容を説く円教にのみ従うのだ。

この段落では、念仏について論じている。知礼のいう念仏は、口で称する名号のことでは無く、心によって観察する観念の念仏である。一心三観を用いて、観門の対象である、依報の極楽浄土と正報・一体三身の阿弥陀仏を観察するのだ。その観察の手段は、已心によって、已心を観察の対象とする。何故か、心は一切法を具即しており一切法に即して心であり、（一切法は心を具足しており）、心は、即（具）法（存在）であり、心は、即極楽浄土であり、心は、即阿弥陀仏であるからだ。それ故、行者は、口では無く、心で念仏するのだ。これは、凡夫には、なかなか困難な行であるが、『仏説観無量壽仏経』に説かれている十六観門の往生のための行なのだ。

大師預取解釈経題。欲令行者用此観法。入十六門而為修証。故於序文。以主包衆。以正収依。

観仏既即三身。観餘豈非三諦。……得往生者。如此土人宿円修者。於諸座席見相殊常。聞法易悟。以此類彼。功在妙宗。

『疏妙宗鈔』（大正・37・195b）

大師は、預め経題の解釈を紹介して、行者にこの観法を実践させたいと思っていた。衆生が往生するためには、十六観門に入って、観を修するのである。序文で、主（阿弥陀仏）によって衆生を包含し、依報（極楽浄土）によって、正報（阿弥陀仏を）を観察すれば、既に、仏の三身（法身、報身、応身）を具しており（即する）、一切法を観察することは、どうして、三諦（真諦、俗諦、中諦）の観察にならないことがあろうか。それは、当然、三諦を観察することになるのだ。……極楽に往生出来るのは、この娑婆世界の人が、宿円（縁）によって、修行するからだ。いろいろな座席で、相が殊っていることを見ることが、この観察の常態の（本来の、日常的な）姿なのだ。法を聞くことによって悟り易い。衆生の、その功徳は、妙宗（天台）のみにあるのだ。

心雖本一。以迷了故。須分垢淨。行業雖同。以違順故。須開善悪。従此二因感報淨穢。応知円人。以上寂光而為観体。凡聖因位皆即究竟。

『疏妙宗鈔』（大正・37・196b）

心は、本来、一つであるけれども、迷うことによって、了解することが出来るから、垢（迷い）と浄（悟り）を分かつべきである。修行と行業は同じであるけれども、違背と随順によるから、善と悪とに分かれる。この二因によって、感じる報いが、浄穢となることを、円宗の人は知るべきである。「常寂光」をもって、観察の本体とする。さすれば、凡夫と聖人（声聞、縁覚、菩薩、仏）の因位は、皆、究竟位であるということが出来るのだ。（凡聖ともに、究竟位とは、仏果を具していることだ。）

詮理之教。必藉機縁。方得興起。『疏妙宗鈔』（大正・37・196c）

理を詮（明）らかにする教えは、必ず、機（衆生）の縁によって、正しく、説かれるのだ。知礼は、ここでは、阿弥陀仏と衆生の感応道交を述べようとしている。仏と衆生の感応は、衆生済度にとって、非常に重要な要件である。この感応が仏と衆生にあるから、仏の救済が成立するのだ。何故か。衆生が感じ、仏が応じるという関係は、とりもなおさず、仏と衆生が、縁起の在りようであることを示している。衆生が存在しなければ、仏は、存在せず。衆生が存在する故に、仏もまた、存在するのだ。両者の関係は、持ちつもたれつだ。だから、仏が、経を説くのも、衆生のためであるが、必ず、そのための因縁を要する。仏と衆生が、縁起の在りようだからである。

経云。如来今者教韋提希。及未来世一切衆生。観於西方極楽世界。以仏力故。當得見彼清淨国土等。

『疏妙宗鈔』（大正・37・197ａ）

『仏説観無量壽仏経』は、述べている。釈迦如来が、今、韋提希と未来の世の一切衆生に、西方の極楽世界を観察させるのは、阿弥陀仏の本願力によっての故で、まさしく、かの清らかな極楽国土等を、見せることが出来るのだ。

衆生が、浄土と阿弥陀仏を観察することが出来るのは、その自力だけでなく、阿弥陀仏の行業の助けを借りるからだと。知礼は、弥陀を差し置いて、仏と浄土の観察が出来るなどと、衆生の力量を高く評価してはいない。彼の観察の姿勢は、敬虔で、極めてあくまで謙虚なのである。

別示十六観法不出三類。即依報正報。及三輩（上品、中品、下品のこと。各品、上生、中生、下生の各三があり、全部で、九ある）往生。

『疏妙宗鈔』（大正・37・197ａ）

別に、十六観法の主体が、三類を出ないことを示す。三類というのは、依報（極楽浄土のこと）、正報（阿弥陀仏のこと）と三輩（上輩、中輩、下輩のこと。衆生の機根・能力を、上、中、下に分けたもの）の往生である。仏が教を説く時は、時処と機の能力に応じる。教の内容を理解させるためだ。応病與薬。医者が、患者の病状に応じて、投薬するのと同様、正報と三輩の往生である。

観三品往生有二意。一令捨中下修上品故。二令識位高下。即大本三品故。此之二意初策自行。次則観他。故今略叙。就策自行。即修観行人功有浅深。致使往生相分三品。

『疏妙宗鈔』（大正・37・197b）

三品（上品、中品、下品）往生を観察するのに、二つの意味がある。一は、中と下を捨てて、上品を修行するからである。二は、位の高下を識らしめる。大は、本来、三品だからである。この二意では、始めに自行を試み、次には、他を観察する。だから、今は、略して叙述する。自行を策することについて、観を修する行者の功徳に浅深がある故に、往生の姿を、上、中、下の三品たらしめるのだ。

次総示三輩往生之者。俱出輪廻。言隨三輩者。非謂隨他。蓋是隨己所修。三輩行業皆能横截（せつ、きる）五道。永得不退也。大本云。往生安養国横截五悪道。

『疏妙宗鈔』（大正・37・197b）

次に、総じて、三輩往生の者を示す。俱に輪廻を出る。三輩に随うと言うのは、他に随うということでは無い。思うに、自分に応じて修行は、なされるのだ。三輩の行の働きは、皆、横様に、五悪道を飛び超えることが出来る。（漸次に、一つずつ進むのではなくて、一気に五つの悪趣を飛び越えることを意味する。）そして、永遠に不退転を得るのだ。『仏説無量壽経』に「往生安養国、横截五悪道」と。「一気に五悪道を飛び越えて、極楽国土に往生する」と述べている。言うまでもなく、行者自身の力用ではなく、阿弥陀仏の本願力に乗じるからだ。これによれば、『仏説無量壽経』の性格は、漸教ではなく、頓教ということになる。

妙観者。歎十六観。雖託安養依正之境。而皆称性絶待照之。即不思議円妙観也。此之観行能令修者達四淨土。縦具見思而能不退。誠為至極之道要妙之述。如此歎結意令聞者尚之修之。不肖之徒。軽欺《ぎ》生死不求不退。於斯要述生謗障人。痛哉痛哉。

『疏妙宗鈔』（大正・37・197b—c）

妙観というのは、十六観を歎じる言葉のことだ。極楽の依正（浄土と阿弥陀仏のこと）を観察の対象にするが、皆、性を絶待と称えて、これを照らす。不思議な円妙の観である。この観行は、修行する人を、四つの浄土に到達させる。縦《たと》い見思の惑を具足していても、不退になることが出来ると。誠に、至極の要妙とすると述べている。（知礼の十六観法の評価は、妙観である。観察の対象である阿弥陀仏と極楽浄土照らすからで、不思議の妙観ともいう。ただし、すべての行者が、真仏土に往生するのではなく、機根によって、修行の実績に応じて、四種の浄土に分かれて往生する。この中、三種は、化土である。真仏土より劣った浄土であるが、不退転となるから、さらに、修行を積めば、真仏土に往生して、仏果が得られる。）
この歎結のようなものは、その意味は、聞く者を尚かめて、これを修行させるのだ。不肖な連中は、生死を軽視して欺むき、不退を求めない。この要旨は、生を誹謗して、障害のある人という。痛ましい限りである。

心観者。経以観仏而為題目。疏今乃以心観為宗。此二無殊。方是今観。……知我一心具諸仏性。託境修観。仏相乃彰。今観弥陀依正為縁。熏乎心性。心性所具極楽依正。由熏発生。心具而生。豈離心性。全心是仏全仏是心。終日観心終日観仏。是故経目與疏立宗。語雖不同。其義無別。又応須了。

『疏妙宗鈔』（大正・37・197c）

心観（己心を観察する）というのは、容易に軽く仏を観察して、テーマとする。「疏」は、今、心の観察を宗致とする。この二つに違いは無い。正しく、これこそ、今の観察である。……我々の一心は、もろもろの仏性を具していることを知る。（知礼は、妄心の一念に、仏性を具していると考える。妄心と、仏性は具の関係にあるだけでなく、縁起の在りようでもあるから、このように言うのだ。）止観の対象によって観を修行すれば、仏の相貌が、ただちに、彰われる。今、弥陀の姿と浄土を縁にして、真如心を妄心に熏じる。己心に具している極楽の阿弥陀仏と浄土は、真如が己心に熏ずることによって起こる。心具によって生じる。どうして心を離れて、仏と極楽が在ろうか。（智顗の、十界互具の思想によって、この論理が成立するのだ。）心のすべてが仏で在り、仏のすべてが、心である。心を観察すれば、常に、仏を見る。（これは、心に、仏界を具しているからであり、己心と仏とが縁起の在りようだから、このように云うことが出来る。）だから、経のテーマと疏は、宗要を立証するのだ。言葉は異なるが、その意味は、異ならない。また、このことを了解すべきである。

若観仏者。必須照心。若専観心。未必託仏。如一行三昧直観一念。不託他仏而為所縁。若彼般舟及此観法発軫《しん》即観安養依正。而観依正不離心性。故曰心観。須知此観不専観心内外分之。此当外観以由託彼依正観故。是以経題称為観仏。若論難易今須従易。法華玄云。仏法太高。衆生太廣。初心為難。心仏衆生三無差別。観心則易。今此観法非但観仏。乃抛心観。就下顕高。雖修仏観不名為難。是知今経心観為宗。意在見仏。故得二説義非殊途。又応了知。法界円融不思議体。作我一念之心。亦復挙体作生作仏。作依作正。作根作境。一心一塵至一極微。無非法界全体而作。既一一法全法界作。故趣挙一即是円融法界全分。既全法界。有何一物不具諸法。

『疏妙宗鈔』（大正・37・197c）

観仏と謂うがごときは、かの般舟三昧と、この観法（『仏説観無量壽仏経』に説いている十六観法のこと）に集中すれば、極楽の国土と阿弥陀仏を観察する。この極楽の国土と阿弥陀仏は、己心を離れない。だから、心観と曰う。この観法は、心を内外に分って、専ら、観察することではない。この外観は、かの極楽と阿弥陀仏とに託して、観察するのではないから、だから、経題を観仏と称するのだ。もし、難易を論ずれば、今は、平易に従う。『法華玄義』云う。仏法は太《はなは》だ高く衆生法は太《はなは》だ広い。初心は難しとなす。心仏衆生の三は差別がない。観心は則ち易し。今、この観法は、但に、観法のみではない。観心によって、下（低）について、高を顕わす（平易な方法によって、高度な内容を理解すること）。仏観を修行することを、難とは言わないけれども、今経の心観を、宗要とすることを知る。その意味は、仏を見ることにある。だから、二説の意味を理解すれば、方法は殊ならないのだ。また、知るべきである。法界の、円融不思議の本体は、我々の一念の心が作ったものだ。（知礼は、諸法が、心によって造られる、といっているのではない。諸法の心具、諸法と心の縁起を前提にして、このように説いているのだ。）さらにまた、本体を取り上げれば、衆生を作り、仏を作る。浄土を作り、阿弥陀仏を作る。主観を作り、その観察の対象を作る。（以上の「作り」の意味も縁起を前提にしている。）一心、一塵、一極微に至るまで、法界全体が作らなかったものはない。（一切諸法、法界全体が、縁起だという意味だ。）既に、一一は、すべて法界の作（具）である。だから、主旨をいえば、一は、円融法界の全分を具す。（即）一は、既に、全法界である。いかなる物といえども、諸法を具せないものが有ろうか。（何物で有れ、諸法を具しているのだ。）

以一切法一一皆具一切法故。是故今家立於唯色唯香等義。若其然者。何故経論多以一心為諸法。総立観境邪。良以若観生仏等境。事既隔異。能所難忘。観心法者近而復要。既是能造。具義易彰。又即能観而為所照易絶念故。妙玄云。三無差別観心則易。縦観他境亦須約心。此経正當約心観仏也。実相為体者。心観之宗。方能顕発中道実相深廣之体。所以者何。若於心外而観仏者。縦能推理但見偏真。即如善吉観仏法身。但証小理。今約唯心。観仏依正當処顕発中実之体。中必双照三諦具足。故云。此経心観為宗。実相為体。

『疏妙宗鈔』（大正・37・198 a）

一切法は、一一皆、一切法を具するから、それゆえに、天台では、唯色、唯香等の意味を認めるのだ（色具一切法、あるいは、色具三千を許すという意味）。もし、その通りであれば、どうして、多くの経論が、一心を諸法となして、総じて、主観の対境としないのか。まことに、衆生や仏などの、境（止観の対象）は、このことと、既に、異なり、かけ離れているのだ。能所（主体と客体）、もしくは、「主観と客観」は、忘れることは（廃止することは）、困難である。観心の法は、手ごろで、的を得ていることが望ましいから、これは、既に、能造の意であり、具の意味は、表現することが容易である。また、能観に即して、明らかにすることは、絶待だから、『法華玄義』に述べている。「心仏衆生の三法が無差別であるから、観心は、容易である」と。縦《たと》い他の境を感じるとしても、心によってなすべきである。この経では、正しく、心によって、仏を観察するのである。実相を本体とするというのは、心を観察するのを宗要としているからだ。正しく、中道実相の深く広い本体を明らかにすることが出来る。その理由は何故か。もしも、心以外のもので仏を観察すれば、たとい、推理によって、但だ、偏真を見ることが出来ても、善吉が仏の法身を見るようなものだ。たんに、小乗の理を悟ったにすぎない。今、唯心によって、仏の身と国土を観察すれば、まさにそこで、中道実相の本体を明らかにする。中は、必ず、三諦と具足を二つながら明らかにする。だから、この経は、観心を宗要として、実相を本体とすると云うのだ。

この段落では、知礼の主張がよく表れている。まず、僻解師は、心具一切法を主張するが、色に一切法（真如）を具することを認めない。だが、知礼は、心にも色にも一切法（真如）を具することを認める。常識的に、理論的には、心に、一切法（真如）を具することを認めるのは、容易であるが、色（もの、山川草木）にすら一切法（三千、真如）を具することを理解するのは、困難である。だが、智顗の「一切法は、縁起である」という思想では、色も心も、一切法も縁起の在りようだから、色と一切法の関係も、心と一切法の関係も、当然、縁起の在りようをしており、色と一切法の関係も、心と一切法の関係も、具であり、即であり、無自性、縁起だから、「心具一切法」が成立するならば、「色具一切法」も理論的に認められるのだ。これは、止観の実践において、己心を観察の主体とし、観察の対象としているけれども、色を観察の対象としないのは、不可能だからではなく、単に、困難だからだ。この段落で、知礼は、「観心の法は、手ごろで、的を得ていることが望ましい」からであり、一つ前の段落では、「観法は、平易に従う」、「低きから高きへ行う」と述べている。また、智顗自身が、「心法、仏法、衆生法の三法に異なりは無いから、止観する場合は、己心（心法）から実践すべきである。仏法は、太だ高く、衆生法は、太だ広いから難しいので、己心の観察が、最も平易だから」と述べていることと相応する。

謂但叙於同居浄土観行之意故。叙観畢。特示唯心妙観之宗。以顕中道実相之体。実相既是常寂光土。『疏妙宗鈔』（大正・37・198a）

いうなれば、ただ、凡聖が同居する浄土を観行する意味を叙述しているから、観を叙しおわる。特に唯心の妙観の宗要を示し、中道実相（真如のこと）の本体を示す。『仏説観無量壽仏経』においては、実相というのは、常寂光土、つまり、極楽浄土のことである。この解釈は、いかにも、天台的である。弥陀の極楽浄土が、実相であり、寂光土であるとは。極楽浄土といえども、智顗は、無自性、縁起の在りようだと考えている。だから、それは、一切法であり、法界に含まれるから、当然、極楽浄土も実相の在りようなのだ。

今序但明以勝摂劣攬別為総。立題之意也。以十六境仏境最勝。故云仏是所観勝境。蓋十六観不出依正及以徒主。若論依正。仏是正報。挙正収依。……若分徒主。仏是化主。述主包徒。

則摂観音勢至三輩等九観也。故云観雖十六言仏便周。故入正文以円三観釈乎能観。以妙三身釈所観仏。仏既総摂。餘十五境。豈不一一皆是円妙三諦三観邪。

『疏妙宗鈔』（大正・37・198a―b）

この序が、ただ、勝れたものと、劣悪なものと、比較し、区別することを総意となして、経の題の意味を説明している。十六境（『仏説観無量壽仏経』で説く、十六観法の観察の対象のこと）の中では、仏を観察の対象とすることが、最も勝れている。だから、仏が観察の対象としては、最も優れた境であると云うのだ。思うに、『仏説観無量壽仏経』で説く十六観は、極楽浄土と阿弥陀仏、および、その衆生と主に限られる。もし、依正を論ずれば、阿弥陀仏は、正報である。正報を挙げれば、依報を包含する（阿弥陀仏に、極楽浄土は属する。阿弥陀仏が無ければ、極楽浄土は存在しない、という意味）。……もし、衆生と阿弥陀仏を分別すれば、阿弥陀仏は化主（教化し、救済する主体のこと）、化主は、衆生を包摂すると述べている。観音勢至菩薩は、三輩等の九観の主体を摂する。だから、云う。観は十六で、仏は遍くと言うけれども、正宗分の文によれば、円教の三観によって、円教の三観を解釈するのだ。優れた仏の法身、報身、応身によって、所観の仏（観察の対象である仏）を解釈するのだ。仏は、すべてを摂するから、その他の十五境をも摂するのである。（仏心観を行ずれば、他の十五観は、含まれる、と云っているのだ。）どうして、一一が、皆、円妙三諦三観で無いことがあろうか。

知礼は、十六観法では、仏身観がすべてを摂するから、仏身観を勧めている。だが、智顗が述べているように、仏法は太だ高く、観察は容易でない。だから、『仏説観無量壽仏経』では、第十六の三輩九品観の中で、下下品の臨終の人が、十声の称名念仏で、弥陀の本願力で往生すると、述べているのだ。『仏説観無量壽仏経』では、十六観法の中、第十六観以外は、方便である。もし、可能ならばおやりなさい、と述べているのだ。知礼が評価する仏身観は、十六観すべてを包摂するから、重要であることは、論を待たない。だが、最も困難な行であることも事実である。このような困難な行を、釈迦は、愚鈍の衆生に、果たして、勧めるであろうか。

観心即聞即行。起精進心故。　『疏妙宗鈔』（大正・37・198b）

観心は、聞を具し、行を具す（天台では、「即」は、「具」と同義であるから）。精進の心を起こすからだ。

「聞を具す」とは、重要な指摘である。禅は、「只座れ」と説き、浄土真宗は、「聞即信・ひたすら聞け」という。禅は、行を重視し、真宗の教義は、阿弥陀仏の絶対他力に依拠するから、衆生の行は、抜け落ちている。だが、天台では、「観」も「聞」も双方具備しているところが、特色であり、この「聞」を重視する傾向、つまり、天台が重視する教観双依から、経を重視する傾向が、教学へ接近する人を多く出すことになり、さらに、熱心に止観する行者の中には、念仏三味等の行を行う過程で、弥陀との関係が深まり、浄土教に近親感を持つ人が多く出ることになったのではないか。知礼、遵式、智円、伝灯、智旭などの諸師を指摘することが出来る。

観即是行。無量壽仏是理。

『疏妙宗鈔』（大正・37・198c）

観とは、行である。無量壽仏は、理である。（ここでは、仏は理であり、衆生は事であるということから、このように言う。）

知礼は、『疏妙宗鈔』では、不変随縁、随縁不変の言葉を使用していない。その理由は、不明である。だが、「無量壽仏是理」という時、（理）不変の真如である無量壽仏は、事である衆生を救済するためには、随縁しなければならない。衆生の苦しみに寄り添ってゆくのだ。天台では、「仏心中の衆生」を説くから。随縁不変の拠り所もまた、ここに存在するということが出来る。

能説釈迦。所説弥陀。

『疏妙宗鈔』（大正・37・198c）

釈迦は、『仏説観無量壽仏経』を説いた。阿弥陀仏は、その経中で、説かれているから、このように云う。だが、この釈迦と弥陀の関係を、先ほど、知礼は、一体であると述べている。能説の釈迦、所摂の弥陀、この能所は、具の関係にあるのだ。

良以三徳性本円融。一一互具故。直法身非法身。法身必具般若解脱。直般若非般若。般若必具解脱法身。直解脱非解脱。解脱必具法身般若。三徳即是教行理三。般若是教。智在説故。解脱是行。用従縁故。法身属理。是所顕故。仏字既是法身之理。即具二徳及教行也。観字既属般若之教。亦具二徳及理行也。無量壽既是解脱之行。亦具二徳及理教也。若不然者。豈得即一達三即三達一。問本以一字具教行理。今何得以無量壽三字。方具於三。則不名為約一字也。答以題諸字対三徳釈。斯是妙談。貴在得意。欲令行者知三徳性遍一切処。

『疏妙宗鈔』（大正・37・199c）

まことに、仏の三徳（法身、般若、解脱）の性は、本来、円融している。一つ一つは、互具しているから、直ちに、法身は、非法身である。（法身は、般若であり、解脱でもあるから、このように云う。）法身は、必ず、般若と解脱を具している。（その理由は、法身も般若も解脱も、無自性、縁起だから、この論理が成立するのだ。）直ちに、般若は、非般若である。般若は、必ず、解脱と法身を具しているからだ。直ちに、解脱は、非解脱である。解脱は、必ず、法身、般若を具しているのだ。

（なぜ、知礼は、このことに、敢えて触れたのか。「法身非法身」、「般若非般若」、「解脱非解脱」とは、敵対的矛盾の自己同一である。単なる、奇をてらった言葉の遊びでは無い。知礼は、これらの表現から、天台の「具」の意味、「縁起」の意味を表現したかったのだ。法身と非法身〈般若と解脱〉は互具であり、般若と非般若は互具であり、解脱と非解脱は互具である。そして、法身は、中、般若は空、解脱は仮、つまり、仏の三身は、即空仮中の真如なのだ。）如来の三徳は、教、行、理の三を具（即）している。般若は、教であり、智に説があるからだ。解脱は行であり、作用は縁に従うからだ。法身は理に属する。これは、顕示されるからだ。仏字（仏字とは、無量壽仏の名前のことである）は、既に、法身の理である。即ち、二徳と教行を具しているから。字（弥陀の名号）を観察すれば、既に、般若の教えに属する。さらに、二徳と理、行を具する。無量壽（梵語では、阿弥陀。いずれでもよい）は、解脱の行である。さらに、二徳と理、教を具する。もし、そうでなければ、どうして、一に即して三に達し、三に即して一に達するのか。問う。本来、一の字教、行、理を具する。今、どうして、無量壽の三字によって、正しく、三を具する。一字を充てると言わないのか。答える。この経の題の諸字によって、三徳を解釈する。此のことは、勝れた主張だ。貴君の意見は、意味を理解することにある。行者に、三徳の本性が、あらゆるところに行き渡ることを知らせたいからだ。

この段落で、知礼は、「無量壽」もしくは、「阿弥陀」という仏の名号の力用について、大きな働きが在ることを説いている。このような思想は、日本仏教では、常識であるが、中国の天台学者で、止観の行を実践する人の筆になると、新鮮である。正しく、知礼の主張するように、弥陀の名号の力は大きい。浄土真宗では、弥陀の本願の働きを、この名号に特化している。知礼は、観法の重要性を認めているが、阿弥陀仏の大慈悲に思いを致す時、下下品の人の救済も考慮すべきだ、と考えたのだ。臨終で、逼迫した時節で、その行者の為し得ることは、多くない。弥陀の名号に力用があるのだから、これに頼るのが、最適であると。

無量甚深永絶思議。強名妙覚。此之覚義有六種即。即者是義。今釈迦文。乃究竟是円浄之覚。一切凡聖無不全体皆是此覚。雖全体是。且迷悟因果其相不同。故以六種分別此是。所謂理是。名字是。観行是。相似是。分証是。究竟是。然若不知性染性悪。所有染悪定須断破。如何可論全体是邪。全体是故。免於退屈。六分別故。免於上慢。六不離即。即不妨六。六即義成円位可辯。問所言凡聖全体即仏。為即自己當果之仏。為即釈迦已成之仏。答自己當果。釈迦已成。二仏之体究竟不別。故諸果仏為生性仏。迷則倶迷。見則倶見。故己他仏於今色心。皆可辯於六即義也。又復応知。六即之義不専在仏。一切仮実三乗人天。下至蛣蜣《きつきょう》地獄色心。皆須六即辯其初後。所謂理蛣蜣名字乃至究竟蛣蜣。

『疏妙宗鈔』（大正・37・200ａ）

無量の甚深は、凡夫の思議を超えている。強いて妙覚という。この覚の意味には六種の即がある。即というのは、意味ということだ。今、釈迦の経によれば、究竟は、円浄の覚である。一切の凡聖は、全体として、皆、この覚でないものは無い。全体にそうだといっても、しかしながら、迷悟の因果は、その姿は、同じでは無い。だから、六種によって、これを分ける。所謂、理であり、名字であり、観行であり、相似であり、分証であり、究竟である。しかしながら、もしも、性の汚染、性の悪を知らなければ、持っている染悪は、必ず、破断すべきものである。どうして、全体が、肯定すべきものだと論じることが出来ようか。全体は、正しいから、退屈（破断することを）を免れる。六に分別する理由は、上慢を免れるからだ。六は、即を離れない。即は、六を妨げない。六即の意味は、円位を成就するものだと述べることが出来る。問う。凡聖全体が、即（具）仏と言うのは、自己の未来の果報が仏となる、ということに等しい。（自己の未来の果報が仏を具しているということ。）釈迦が、既に、成仏していることに等しい。答える。自己の未来の果報は、釈迦が、既に、成就している。弥陀、釈迦の本体は、究竟には、別では無い。（二仏の本体は、究竟には同一である。この概念が成立するのは、釈迦も弥陀も、その体は、無自性、縁起であり、両者は互具だから。）だから、諸果仏は、衆生の性が仏であるということだ。（すべての衆生には、如来蔵が有るという意味。）衆生が迷えば、仏も、倶に迷い、衆生が、仏を見れば、仏も衆生を見る。だから、己他の仏は、今、色心に於いて、皆、六即の意味を表わすべきである。さらに、知るべきである。六蜣蜣即の義は、仏だけに有るのではない。一切の仮実、三乗、人天、下は、蜣蜣、地獄の色心に至るまで、皆、六即がその初後を弁別すべきである。所謂、理即の蜣蜣、名字即の蜣蜣、究竟即の蜣蜣なのである。

智顗が説いている六即の意味について説明している。六即の最下位は、理即で、最上位は、究竟即だ。いずれも、即だから、衆生心中の仏と同義である。各階梯において即である。いずれの位置においても、仏果への通路が開かれているのだ。智顗は、即の数を六にしたから、天台では、六即を継承しているが、この数字が、十になったり、五十二に変化しても、「即」の持つ重要性が損なわれることはない。

釈迦と弥陀の本体が別では無い、というのは、知礼らしい発想であり、正しく、その通りだ。『仏説観無量壽仏経』においては、釈迦が無ければ、弥陀は無く、弥陀が無ければ、釈迦の説法も無いからだ。

故雖事理一念同修。而理難事易。事易故先現。理難故後発。故般舟三昧。以三十二相為事境。以即空仮中為理観。境観雖乃同時而修。境必先成。託境進観。藉観顕境。更進更顕。従凡入聖。……不知事理難易浅深。……故以弥陀一仏為境。雖観一仏何異十方。雖照現今何殊過未。此彰一切不離弥陀。良以弥陀是無量之一。故能等於一中無量。二一身下。明諸仏同三法。一仏等彼一切仏者。以由仏仏同得三法。身是法身。智慧是般若。十力四無畏是解脱。亦是三身三涅槃等。身智言一者。顕於諸仏法報不別。応用亦同。故力無畏結云亦然。同身智一也。菩薩因中分破無明。分同妙覚所証三法。無明破尽。則究竟同諸仏三法。諸仏三法既其不二。是故弥陀三法不少。一切諸仏三法不多。故言等也。……示色是応身。通於勝劣及他受用。法門是報身。以諸法門。聚而為身。……此諸法門。若従所証名為法身。今従能証名為報身。自受用也。実相是法身。非不具於一切法門及諸色相。……応知法門及以実相。不離色身挙一即三。

全三是一。法爾相即非縦非横。是故此経第九仏観。経示相好。疏名真法。

『疏妙宗鈔』（大正・37・202b―c）

だから、事理の一念を同じく修するといえども、理は難しく、事は易しい。事は易しいから、先に現われ、理は難しいから後から現われる。だから、般舟三昧によって、三十二相によって、事境とする。即空仮中によって、理観とする。境と観とは、同時に修すると雖も、境を先にする。境に託して観を進めるからだ。観を藉りて、境を顕示する。さらに進め、さらに顕わすからだ。凡夫から聖人に入るのだ。……事理の難易、浅深は知らない。……だから、弥陀一仏を境とする。一仏を観るといえども、十方諸仏を観ずるのは、何ぞ十方に異ならん。（知礼は、ここで、『仏説観無量壽仏経』の中で説かれている十六観の中の、仏心観は、上で重要であると述べた。だが、行者が、実際に行う場合、難しい、と言っている。これは、当然のことで、仏を見ることが出来るのは、唯仏與仏の境地にあるものに限られるから、凡夫が仏を見ることは、現実には、不可能である。だから、ここで、「難」と言っているのだ。）現今を照らすと雖も、どうして、過去未来を照らすことに殊なろうか。これは、一切を彰わして、弥陀を離れず。まことに、弥陀は、無量の一つである。（諸仏は、無量であるけれども、実際に観察の対象にするのは、弥陀一仏である。その理由は、「一切を彰和して、弥陀を離れない」からだ。）だから、能等は、一中無量に於いて、（能観は弥陀を観察する事が出来れば、一切諸仏を観察した事に等しいのだ）、一二、一身の下。諸仏は、三法に同じことを明かす。（三法とは、心法、仏法、衆生法のことだ。『華厳経』に、この三法無差、と説いているから、この様に言う。）一仏（弥陀）は、かの一切仏に等しいというのは、仏によって、仏は、同じく、三法を得る。身は、法身、智慧は、般若である。十力四無畏は、解脱である。さらに、この三身は、三涅槃に等しい。身智は、一つであるというのは、諸仏を顕わす法、報は、別のものではない。応身の作用も、さらにまた、同じである。だから、力無畏であるから、それ故、また、同様だと云うのだ。同じく身、智は、一つである。菩薩は、因中では、分けて無明を破す。分かてば、妙覚が証する三法と、同じである。無明を破し尽くせば、究竟は、諸仏の三法と同じだ。既に、諸仏三法は、それは、二ではない。こういった理由で、弥陀の三法は、少なくないし、諸仏の三法は、多くないから、等しいというのだ。……色は応身であると示せば、勝劣と他受用に通じる。法門は、法身である。諸々の法門を聚めて、身となる。……この諸々の法門は、もし、所証によれば、法身という。今、能証によれば、報身という。自受用である。実相は法身である。一切の法門と諸々の色相を具せざるは無い。……まさに知るべきである。法門と実相は、色身を離れない。一を挙げれば三であり、三を尽くせば、一である。法爾の相は、縦でも横でもない。この故に、この経の第九仏観は、経文で、仏の相好を示している。この疏では真実の法といっている。（知礼は、この段落では、仏身観を説明しているのだが、実践し、観を成就する事は、困難であるから、我々衆生には、観法の実践の対象にはなり得ない。）

観行位人一切時処。念仏三観。常得現前。故云無不念時言念念皆覚者。示即仏義。雖是始覚。即同本覚。非全本覚観不名中。亦得義論始本一合。雖非究竟及真似合。而亦得是観行合也。……然其始覚與本覚合。雖名為合非二物合。……良以始本覚体是一。故知六即得名六合。

『疏妙宗鈔』(大正・37・202c)

観行即の位の人は、あらゆるところで、念仏三観を行う。(ここで言う念仏とは、口称の称名念仏、阿弥陀仏の名号を称えることでは無い。仏を菩薩を浄土を観察する念仏である。三観とは、般若の空観、解脱の仮観、法身の中観のことである。この三観を用いて、念仏するのである。)さすれば、常に、現前に、念仏の対象が現前する。だから、不念時は、無いというのだ。念念、皆、覚るというのは、仏に即する(仏を具する)という意味である。これは始覚というけれども、同時に、本覚を具す。(この「即」は、同じ、という意味では無い。「具」、始覚に本覚を具す。あるいは、始覚と本覚は、縁起の在りようをしている、という意味である。)本覚を全うしなければ、中観とは言わない。その意味では、始覚と本覚とが一合(互具)であるということが出来るのだ。究竟(仏果)と真如ではないけれども、具であれば、観行即の具(観行即に究竟を具す)となる。……しかし、始覚と本覚は互具であり、あるけれども名は合となすけれども、二物は、合一合ではない。同一物では無い。(始覚と本覚は、具もしくは、縁起のありようだ、というのだ。)……始覚と本覚の体は一なのだ。だから、六即が六合という事が出来ることを知るべきだ。

理即乃以逆修之覚與本覚合。五皆順覚與本覚合。六合無非体不二也。……修性体一復名為合。四相似即。今既釈仏。乃似本覚。良以此位始覚之功。尚伏無明。全未破故。非真本覚。唯得名為相似即仏。……至極果位無明既尽。本覚全彰。故得名為究竟是仏。即究竟本覚。亦究竟始覚。亦是究竟始本一合。亦是究竟始本倶忘。……唯初理即。既全在迷。豈有始覚及二義邪。答理雖全迷而具三因及五仏性。縁了二性豈非本有修因始覚果。及果果二種仏性。豈非理中究竟始覚。理若不具此等始覚。名字等五。便須別修。復何得云全修在性。但有即名無即義也。

『疏妙宗鈔』（大正・37・202c—203a）

理即では、逆修の覚と本覚とは合う。五は、皆、順覚と本覚と合う。六は、体が不二で無いものは無い。……修の性と体は、一つであることを、また、合うとなす。四相は即のようなものだ。今、仏を解釈すると、本覚と考えてよい。まことに、この位は、始覚の功績である。なお、伏せている無明は、すべて、未だ破壊されていないから、真の本覚では無い。相似即仏というのみだ。……極果位（仏果）に至って、無明は、既に尽き、本覚がすべて彰われる。だから、究竟即を仏というのだ。即ち究竟即は、本覚であり、さらに、究竟即は、始覚を具しており、さらに、究竟即の始覚と本覚は、一つに合う。さらに、究竟即の始覚と本覚は、（ともに、同じ究竟即だから）その相違は、無いのだ。……唯だ、初めは、理即で、その位は、全く迷にある。どうして、始覚と二つの意味があるのであろうか。答える。理即は、その位と内容は、全く迷だと雖も、しかし、三因と五仏性を具す。縁了の二性は、どうして、本来、因の始覚を修して、仏果があるのだろうか。果果二種は仏性である。どうして、理中の究竟即は、始覚ではないのか。理が、これ等の始覚を具せないようなものだ。名字は五に等しい。だから、別に修するべきである。また、どうして、修を尽くして、性があるということが出来るのか。ただ、即の名はあっても、即の義は無いからなのだ。

今釈教主。故就仏辯。以論十界皆理性故。無非法界。一一不改故名字去。不唯顕仏。九亦同彰。至於果成。十皆究竟。故蛣蜣等皆明六即。……初理即。六種即名皆是事理体不二義。而事有逆順。名字等五是順修事。唯理性一純逆修事。此逆順事。與本覚理体皆不二。……事皆合理。名之為順。其不知者。事皆違理故名為逆。名字等五。若浅若深。皆知皆順。若初理即唯迷唯逆。而迷逆事與其覚理。未始暫乖。故名即仏。所以者何。良由衆生性具染悪不可変異。

『疏妙宗鈔』（大正・37・200a―b）

今、釈迦は教主である。だから、仏について論ずる。十界を論ずれば、皆、理性だから、法界で無いものは無い。（すべて法界である。仏法界、菩薩法界、……地獄法界等である。）一つ一つが改まらないから、名字は去り、唯だ仏を顕示するのみならず、さらに九界を同時に彰わす。十界は、皆、究竟（仏界）であるから、蛣蟯等も、皆、六即を明らかにする。……六即においては、初は、理即、最高位は、究竟即だ。この六種の即は、皆、事理の本体は、不二の意味であるという。（この場合、理は、仏を、事は、それ以外の、迷いの九界をいう。）しかし、事には、逆順があり、名字等の五は、事を順修するという。唯だ、理性は、一つで、純逆で、事を修する。この逆順の事は、本覚と理体は、皆、不二である。……事は、皆、理に合う。（ここでは、理に究竟を具している。もしくは、理と究竟とは、縁起の在りようをしていることを述べているのだ。）これを順という。それを知らない者は、事は、皆、理に違う。だから、逆名字等の五をいう。もしくは浅、もしくは深、皆、皆順であることを知る。もし、初め初の理即は、唯だ迷、唯だ逆で、迷逆の事と、その覚理とは、いまだ初めから、暫乖しない。だから、即仏という。なぜならば、まことに、衆生性具染悪によって、変異することは出来ないからだ。

知礼は、六即の成立構造は、性具であると考える。天台では、即は、具と同義だから当然である。また、即は、縁起の在りようだから、理即は、理具であり、理の階梯の衆生は、究竟の妙覚とは、縁起の関係だ。名字即、観行即もまた、同様だ。ただし、この六即は、階梯を漸進するのでは無い。むしろ、横截（階梯を横に、飛び越えること）するのだ。だから、六即は、不可思議である。

事理で論ずれば、仏界は、理であり、他の九界は事である。この事と理は互具であり、相即し、縁起する。それ故、理即……究竟即が成立するから、衆生性具染悪によって、変わることは無いのだ。

其性円明。名之為仏。性染性悪全体起作。修染修悪更無別体。全修是性故得迷事無非理仏。即以此理起惑。造業輪廻生死。而全不知事全是理。長劫用理長劫不知。不由不知。便非理仏。以全是故。名理即仏。……但有理性自爾即也。又理即仏。非於事外指理為仏。蓋言三障理全是仏。又復応知。不名障即仏。而名理即仏者。欲彰後五有修徳是。……初引大経迦葉品云。衆生即是仏。何以故。若離衆生不得三菩提故。如来性品。我者即是如来蔵義。一切衆生悉有仏性。即是我義。如是我義。従本已来。當為無量煩悩所覆。是故衆生不能得見。

『疏妙宗鈔』（大正・37・200b）

その性は円明だから、仏という。性の汚染と性悪は体を全うして、作用を起こす。（この思想は、知礼の性悪説である。知礼の思考では、性が悪であるのは、仏のみである。仏は、修悪を尽くして、性悪のみ残るからかく云う。これに反して、衆生は、修善を尽くすから、性善のみが存在する、というのが、知礼の説く、天台性悪説の理論的根拠だ。）修の汚染と修悪には、さらに、別の本体は無い。修を全うすれば、性であるから（修悪を全うすれば、性悪の仏であり、修善を盡せば、性善の衆生である）、そこで、事に迷えば、理仏となることが出来るのだ。直ちに、この理によって、惑を起こし、輪廻と生死（迷い）の業を造くる（働きにいたる）。しかも、まったく、事がすべて、理であることを知らない。（理具事造ということを知らない。衆生は、すべて、本来、理を具しており、この理〈不変〉が隨縁して事造となる〈理具事造〉。）非常に長期間、理を用いていながら、とても長期間そのことを知らないのだ。由らず、知らないから、理仏では無い。すべてこういうわけで、理即仏（理に仏を具する）という。……ただ、理性があるから、おのずから、即（具）なのだ。また、理即仏（理具仏）だ。事外の理を指して仏とはなさない。（事外の理は、存在しないから。）思うに、三障の理はすべて仏という。知るべきである。障がただちに仏ではない。（障具仏なのだ。）だが、理即仏というのは、後の五に修徳の是（修徳の肯定的な面）を彰わしたいためである。……初めに『大品般若経』の「迦葉品」を引用して述べている。衆生は即是仏（衆生は仏を具している）である。どのような理由なのか。衆生を離れては、三菩提を成就することが出来ないから、「如来性品」に述べている。我我は如来蔵を具している。一切衆生には、悉く、仏性がある。即（具）は、我我の意味であり、如は我我の意味である。本来よりこのかた、無量の煩悩に覆われている。このようなわけで、衆生は、仏の見を得ることが出来ない。けれども、衆生心中に仏は存在する。この事実は、観、不観に関係はない。事実は、認識されようが、されまいが、それとは無関係に、存在し続けているのだ。観と不観とは、衆生の根性によって、分かれているのだ。

経云（『如来蔵経』）。仏告金剛慧菩薩。我以仏眼観一切衆生。貪瞋癡諸煩悩中。有如来智。如来眼。如来身。……一切衆生雖在諸趣煩悩身中。有如来蔵常無染汚。徳相具足如我無異。

『疏妙宗鈔』（大正・37・200c）

『如来蔵経』に述べている。仏は、金剛慧菩薩に告げる。仏は、仏眼によって、一切衆生を観察する。貪、瞋、痴などの諸煩悩の中に、如来の智慧（ここでは、煩悩と如来智が、互具であり、縁起の関係にあることをいう。煩悩も如来智も無自性だから、この論理が成立するのだ）、如来眼、如来身（法身、報身、応身）がある。……一切衆生は、もろもろの種類の煩悩身に在るといえども、衆生に備わっている如来蔵は常に、汚染は無い。徳相を具足していることは、仏と異ならないようなものだ。

ここで如来蔵というのは、「貪瞋痴などの諸煩悩の中に（衆生自身は気づかないけれども）、如来の智慧、如来眼、如来身がある」。この言葉から判断すれば、煩悩に汚染された衆生心中に、仏と仏智のあることだ。知礼自身は、如来と衆生の関係を、そのように考えているのである。

又見彼衆生無明塵垢中。如来性不動無能毀壊者。……我以仏眼観。衆生類如是。煩悩淤泥中。皆有如来性。……涅槃亦爾。本自有之。非適今也。大智如来。以善方便。然智慧灯。令諸菩薩得見涅槃。今文但引闇井具宝。以証理即。

（『疏妙宗鈔』大正・37・200c）

また、かの衆生を見るに、無明塵垢中にあるけれども、如来性は、不動にして、毀壊出来るものは無い。（如来蔵は、煩悩の衆生にあっても、決して破壊されることは無い、と知礼は考えているのだ。）……仏は、仏眼によって観察するに、衆生の類は、このようなものだ。煩悩汚泥中にあれども、皆、如来性がある。（此の記述は、前の文意と同じである。）……涅槃もまた、その通りだ。本来、自らある。自然法爾である。極楽浄土には、今、適くのでは無い。（浄土は、衆生心の外に存在するのでは無い。涅槃は、本来、衆生の心中にあるから。この当処を抑えることが大切で、我々には、ここを去ること十萬億仏土を超えて、極楽浄土へ、遥かな、気の遠くなるような旅が必要なのではない。煩悩心の中に涅槃は具されているからだ。）大智の如来は、巧みな善い方便によって、智慧の灯を然やす。諸々の菩薩に、涅槃を見させるのだ。今の文は、ただ、暗い井戸の中に宝がある喩（煩悩の衆生心中に、涅槃が存在していることを、このように喩えているのだ）を引いている。此の喩によって、理即を証する。知礼の理解する理即とは、以上のようなものである。

向仏説偈。己界及法界。衆生界同等。己界即心法。法界即仏法。仏以法界而為体故。対衆生界即成三法。心生在因仏法在果。三無差別故云一界無別界。……且指三障体全是理。今示此理。當処照明。名為本覚。仏義成也。

『疏妙宗鈔』（大正・37・201a）

向（さ）きの仏説の偈では、己界と法界は、衆生界と同等である。己界は心法に即（具）する。法界は、仏法に即（具）する。仏は、法界をもって本体とするから、衆生界に対して、直ちに、三法を成す。心法と衆生法は、因に在り、仏法は果に在る。心仏衆生の三法には、異なりは無いから、一界を云えば、別の界は無い。（この説明は、智顗が引用する『華厳経』の「三法無差」の文章そのものではないが、文意の要点の引用だ。）……そのうえ、三障の本体は、すべて、理だ。（衆生の本体は理だ。それ故、理の衆生は、究竟即の仏と「即」の関係、「具」の関係にあるから、知礼の前の文章の説が成立するのだ。）今、この理を示せば、そこで、照らして明らかにするから、本覚という。（これは、知礼の本覚の定義である。）仏の定義は、ここに成立する。まさに、知礼の説の通りである。

名字即。此至究竟皆修徳也。……言名字即仏者。修徳之始。聞前理性能詮名也。

『疏妙宗鈔』（大正・37・201b）

名字即についてである。名字即から、究竟即（仏果）に至るのは、皆、修徳による。……名字即が仏であるというのは、修徳の始めである。前の理性（理即の原理）を聞けば、名を詮らかにすることが出来る。名字即とは、この即を通じて、六即も、十法界と同様に考えることが出来る。理互具事であり、六が事であり、「即」を通じてつながる究竟の仏果に至ることが出来るということだ。名字即の下位に理即があるから、名字即から究竟に至るのは、漸進するのでは無い。理即ですら、横截（縦に漸進するのではなくて、横ざまに飛び越えて、究竟の仏果に至るということと）して仏に成るのだから、名字即の衆生も横截して、観行即、分証即、相似即、を飛び越えて究竟即の仏果に至ることが出来る。

　五時示現身相名号説法度人。乃至聞者一念微解。一一皆是全性起修。當処無非本性仏法。

『疏妙宗鈔』（大正・37・201c）

仏は、身相を出現して、（応身の姿を現わして、つまり、弥陀の法身を釈迦の応身に変化してという意味）、名号（仏の名前、南無阿弥陀仏など）を説法して、人を済度する。さらに、聞く人を一念の微妙な解（妙解というのは、仏説を正しく理解させるということである）に至らせる。一つ一つ、皆、性をきわめて、修をなさしめる。（弥陀の浄土に、往生させること。）そのような理由で、当処に、理（衆生）の本性が仏法でないものは無い。

　言妙色者。即是不可思議色也。所以者何。由此行人已円聞故知色唯心。知心唯色。五根所対尚体唯心。況想成色豈在心外。此色非色非色非非色。而能双照。色與非色。既離情想故名妙色。非由三観莫見妙色。非由妙色莫成三観。境観相資塵念靡《び》間。方能得入観行位也。

『疏妙宗鈔』（大正・37・202a）

妙色というのは、不思議の色のことである。（妙とは、非常に優れているという意味と、不思議という概念がある。）その理由は、この円教の行をする人が、既に、円教を聞いているからだ。色は唯心であり、心が唯色であることを知れば（これは、知礼が主張する、彼自身の主要な概念である。その両者の関係が、「具」、「縁起」の関係にあるから、この論理が成立するのだ。色と心は、心が無ければ、色は、存在せず、色が無ければ心は存在しない。心があれば、色があり、色があれば、心もあるのだ）、五根（眼、耳、鼻、舌、手足）に対する境（色、声、臭、味、触）こそは、その本体は、唯心である。況や想は色を成り立たせるから、どうして、色は、心の外に在ろうか。（知礼は、色具三千、心具三千という。これは、色と真如が互具の関係に在り、心と真如が互具の関係にあり、色と三千が縁起の関係にあり、心と三千が縁起の関係にある事を意味する。「色具三千」を許す、といえば、山川草木にも真如があるという、奇妙な論理に見えるが、実は、色も心も、三千・真如と縁起の関係であることをいっているのだ。あらゆる存在は、無自性、縁起の在りようだから、当然である。知礼は、天台哲学の基盤が縁起によって成立していると考えており、智顗もまた、存在は、縁生だと説いているから、知礼は、智顗の思考を継承しているのだ。）この色は、非色であり、非色は非非色であるから、両方ともに明らかに出来る。色と非色とは、直ちに、情想を離れるから、妙色という。三観に依らなければ、妙色を見ることは出来ず、妙色に由らなければ、三観を成就出来ない。境と観がたすけあって、対象をものにすることが出来るから、まさしく、観行位に入ることが出来るのだ。知礼は、この段落では、天台の色と心の関係、意味を明らかにする。色具三千、心具三千を許す。色も心も縁起の在りようをしており、三千（真如）も同様だからである。妙色、妙心（真如）は、空観、仮観、中観の三観によって、明らかにすることが出来るのだ。この際、観（主体）と境（客体）がお互いにたすけあって、この行を成就する。

……性無間然。仏豈暫闕。一一相海荘厳法身。相為大相。好為小相。観大発小。……仏相遍周称於法界。　『疏妙宗鈔』（大正・47・202a）

……性は、間然とするところが無い。（あらゆる処に遍いているから）仏がどうして行き渡らない処があろうか。一つ一つの広大な海の様な相は、法身を荘厳し、この相は大相となり、好は小相となる。大を観察すれば、小を発する。……仏の相はあらゆる処に遍くので、法界と称する。知礼はいう。仏も性も周遍するから、法界という。法界とは、法が行き渡る範囲のことであるが、これには、遍際は無い。

故雖事理一念同修。而理難事易。事易故先現。理難故後発。故般舟三昧。以三十二相為事境。以即空仮中為理観。境観雖乃同時而修。境必先成。託境進観。藉観顕境。更進更顕。従凡入聖。……不知事理難易浅深。……故以弥陀一仏為境。雖観一仏何異十方。雖照現今何殊過未。

此彰一切不離弥陀。良以弥陀是無量之一。……明諸仏同三法。一仏等彼一切仏者。以由仏仏同得三法。身是法身。智慧是般若。十力四無畏是解脱。亦是三身三涅槃等。身智言一者。顕於諸仏法報不別。応用亦同。故力無畏結云亦然。同身智一也。菩薩因中分破無明。分同妙覚所証三法。無明破盡。則究竟同諸仏三法。諸仏三法既其不二。是故弥陀三法不少。一切諸仏三法不多。故言等也。……示色是応身。通於勝劣及他受用。法門是報身。以諸法門。聚而為身。……此諸法門。若従所証名為法身。今従能証名為報身。自受用也。実相是法身。非不具於一切法門及諸色相。……応知法門及以実相。不離色身挙一即三。全三是一。法爾相即非縦非横。是故此経第九仏観。経示相好。疏名真法。『疏妙宗鈔』（大正・37・202b—c）

だから、事理の一念を同じく修するといえども、理は難しく、事は易しい。事は易しいから、先に現われ、理は難しいから後から発われる。だから、般舟三昧によって、三十二相によって、事境とする。即空仮中によって、理観とする。境と観とは、同時に修すると雖も、境を先にする。境に託して観を進めるからだ。観を藉りて、境を顕示する。さらに進め、さらに顕わすからだ。凡夫から聖人に入るのだ。……事理の難易、浅深を知らない。……だから、弥陀一仏を境とする。一仏を観じると雖も、十方諸仏を観ずるのは、難異である。現今を照らすと雖も、どうして、過去未来を照らすことに殊なろうか。これは、一切を彰わして、弥陀を離れず。まことに、弥陀は、無量の一つである。だから、……一の中の無量、諸仏は、三法に同じことを明かす。一仏（弥陀）は、かの一切仏に等しいというのは、仏によって、仏は、同じく、三法を得る。身は、法身、智慧は、般若である。十力四無畏は、解脱である。さらに、この三身は、三涅槃に等しい。身智は、一つであるというのは、諸仏の顕わす法、報は、別のものではない。応身の作用も、さらにまた、同じである。だから、力無畏を結んで云えば、また、同様だと云うのだ。同じく身、智は、一つである。菩薩は、因中では、分けて無明を破す。分てば、妙覚が証する三法と、同じである。無明を破し尽くせば、究竟は、諸仏の三法と同じだ。既に、それは、二ではない。こういった理由で、弥陀の三法は、少なくないし、諸仏の三法は、多くないから、等しいというのだ。……色は応身であると示せば、勝劣と他受用に通じる。法門は、法身である。諸々の法門の聚にして、身となる。……この諸々の法門は、もし、所証によれば、法身という。今、能証によれば、報身という。自受用である。実相は法身である。一切の法門と諸々の色相を具せざるは無い。……まさに知るべきである。法門と実相は、色身を離れない。一を挙げれば三であり、三を尽くせば、一である。法爾の相は、縦でも横でもない。この故に、この経の第九仏観は、経文で、仏の相好を示している。この疏では真実の法といっている。

観行位人一切時処。念仏三観。常得現前。故云無不念時言念念皆覚者。示即仏義。雖是始覚即同本覚。非全本覚観不名中。亦得義論始本一合。雖非究竟及真似合。而亦得是観行合也。……然其始覚與本覚合。雖名為合非二物合。正是荊谿体不二義。良以始本覚体是一。故知六即得名六合。理即乃以逆修之覚與本覚合。五皆順覚與本覚合。六合無非体不二也。……修性体一復名為合。四相似即。今既釈仏。乃似本覚。良以此位始覚之功。尚伏無明。全未破故。非真本覚。唯得名為相似即仏。……名分真仏。至極果位無明既尽。本覚全彰。故得名為究竟是仏。即究竟本覚。亦究竟始覚。亦是究竟始本一合。亦是究竟始本倶忘。……唯初理即。既全在迷。豈有始覚及二義邪。答理雖全迷而具三因及五仏性。縁了二性豈非本有修因始覚果。及果果二種仏性。豈非理中究竟始覚。理若不具此等始覚。名字等五。便須別修。復何得云全修在性。但有即名無即義也。

『疏妙宗鈔』（大正・37・202c―203a）

観行位の人は、一切の時と所で、念仏三観で、常に、仏を現前することが出来る。だから、念の時でないことはない。念念に、皆、覚者という。即仏の意味を示す。これを始覚であると雖も、即ち、本覚と同じである。本覚を全うするにあらざれば、観を中と名づけず。さらに、義を得て、始覚本覚が本来合一を論じ得る。究竟即と真如でなくても、合一するようなものだ。さらに、この観と行の合一を得る。……しかるに、その始覚と本覚は、合一する。名は合であるけれども、二物（始覚と本覚）は、合わない。まさに、荊渓の体不二の意味である。まことに、始覚と本覚の体は一である。だから、六即を知れば、六合ということが出来る。

理即は、逆修の覚と本覚と合う。五は、皆、順覚と本覚と合う。六は、体が不二で無いものは無い。……修の性と体は、一つであることを、また、合うとなす。四相似即。今、仏を解釈すると、本覚の如し。まことに、この位は、始覚の功績である。なお、伏せている無明は、すべて、未だ破壊されていないから、真の本覚では無い。相似即仏というのみだ。……分真仏という。極果位（仏果）に至って、無明は、既に尽き、本覚がすべて彰われる。だから、究竟即を仏というのだ。即ち究竟即は、本覚であり、さらに、究竟即は、始覚であり、さらに、究竟即の始覚と本覚は、一つに合う。さらに、究竟即の始覚と本覚は（ともに、同じ究竟即だから）、その相違は、無いのだ。……唯だ、初めは、理即で、全く迷にある。どうして、始覚と二つの意味があろうか。答える。理即は、全く迷だと雖も、しかし、三因と五仏性を具す。縁了の二性は、どうして、本来、因の始覚を修して、果があるのではないのか。果果二種は仏性である。どうして、理中の究竟即は、始覚ではないのか。理が、これ等の始覚を具せないようなものだ。名字は五に等しい。だから、別に修するべきである。また、どうして、修を尽くして、性があるということが出来るのか。ただ、即の名はあって、即の義は無いのだ。

『疏妙宗鈔』（大正・37・203a）

問於一本覚約何要義。顕示三身令人可見。

問う。一本覚は何の要義より、三身を顕示して、人に見せるべきなのか。

答本覚諸法即空仮中。覚諸法仮。即相好身。覚諸法空。即法門身。覚諸法中。即実相身。如

此論之其義宛爾。『疏妙宗鈔』（大正・37・203 a）

答える。本覚の諸法は、空仮中（真如）を具している。諸法が仮であると覚れば、相好身を具する。諸法は、空であると覚れば、法門身を具する。諸法は中《ちゅう》であると覚れば、実相身を具する。このように、論じてゆけば、その意味は、宛爾として明白である。

五分証即。即心観仏。託境顕性。『疏妙宗鈔』（大正・37・203 b）

五、分証即は、心に即して仏を観察する。観察の対象によって、性を顕示するのだ。

円人不爾。以知本覚具染悪性。体染悪修即二仏性故通別惑事業識等一切迷法。當処即是縁了仏性。豈有仏性更覆仏性。如君子不器善悪倶能。……雖分修性皆本具故。義不成縦言別人理体具足而不相収者。亦為不知本覚之性具染悪徳。不能全性起染悪修。乃成理体横具三法。『疏妙宗鈔』（大正・37・203 c―204 a）

円人は、そうではない。本覚が染悪の性を具することを知り、体は、染悪の修は、二仏性を具するから、通別の惑事、業識等、一切の迷法は、当処に縁了仏性を具す。仏性があって、さらに、仏性を覆う理由は、君子不器のように、善悪ともに可能なのだ。……修と性を分かつといえども、皆、本来、具するから、その義は、成就しない。縦とい、別人が理体を具足しても、収まらないのは、さらに、本覚の性に、染悪の徳を具することを、知らないためである。性を尽くしても、染悪の修を起すことは出来ない。理体を成就してはじめて、横に三法を具するのだ。

六究竟即。一切諸法無不是仏。迷故不知。故円実教不順迷情。直示一切皆是仏法。世間相常衆生是仏。……究竟証知一切諸法皆是仏法。……今已究竟。故名為満。於種種法証本円覚。不思議実智也。此覚極満名為頓円。……更無過者。名無上士。即是妙覚。智徳究竟名大菩提。

『疏妙宗鈔』（大正・37・204b―c）

六に、究竟即というのは、一切諸法は、仏で無いものは無い。衆生は迷っているからこのことを知らないのだ。だから、円実教は、迷情に順じない。直ちに、一切、皆、仏法であることを示す。世間の相によれば、常に、衆生は仏であるのだ。……究竟の証は、一切諸法は、仏法であることを知る。……今既に、究竟即である。だから、円満という。種々の法では、本来、円覚を証する。不思議の実智である。この覚が極まることを円頓という。さらに、誤らないのは、無上士といい、即ち妙覚のことである。智徳が究竟であるのを、大菩提という。

究竟即というのは、六即の最高位であるのみならず、そのものずばり、仏果の別名でもある。

六即では、最下位の理即、次の位の名字即……相似即、そして最高位の究竟即とあるが、相似即以下、理即までは、衆生の位、因位だが、この究竟即のみは、果位の仏果であるところが異なる。だが、智顗が説く、十界互具の概念によれば、仏法界には、衆生の九法界を互具しており、衆生法界である他の九法界には、仏法界を互具している。仏法界は、六即では、究竟即に相当するから、相似即……理即の因位に仏法界を互具しているのと同様に、究竟即の果位にも衆生法界の因位を互具していることになる。表現を変えれば、因位の九法界・衆生法界は、始覚であり、事である。仏法界は、本覚。理である。始覚は、本覚を互具しており、理は事を互具しているのだ。これは、事も理も、本覚も始覚も、仏法界も衆生法界も、縁起の在りようをしていることによって可能となるのだ。無論、十界互具も然りだ。

二一心三観。斯乃称性而観。絶待而照。蓋一切法。性是法身。般若解脱。……三非孤立。一一円具。挙一即三。乃以三徳而為三諦。般若是真。解脱是俗。法身是中。徳既不縦不横。諦乃絶思絶議。此是仏之所諦。今以此諦而為所観。諦既即一而三。観豈前後而照。故依妙諦以立観門。即於一心而修三観。此観観法能所双絶。況無量壽仏。本修此観成就三身。法報沢然真応融即。非茲妙観寧顕妙身。化主若斯徒衆亦爾。正報既妙依報豈麁。故十六境皆須妙観。

『疏妙宗鈔』(大正・37・206b)

二に、一心三観は、性を観じ。絶待にして照らす。思うに、一切法性は、法身、般若、解脱である。……三は孤立しているのではない。一一は、円具している。一を挙げれば、三を具す。三徳によって、三諦とする。般若は真諦であり、解脱は、俗諦であり、法身は、中諦である。徳は、不縦不横の諦で、思いを絶し、義を絶する。これは、仏の所諦である。今、この諦にして、所観だ。諦は、既に、一にして三を具す。観は、どうして、照らすのに、前後が在るのか。だから、妙諦によって、観門を立てる。即ち、一心三観だ。この観の観法は、能所ともに絶す。況や、無量壽仏をや。修に本づいて、此の観は、三身を成就する。法身報身は、泯《みん》然として（無くなって）真に、融即するのだ。この妙観でなければ、どうして、妙身を顕示出来ようか。化主（仏）は、この衆生のごときものである。仏は既に妙（優れている）である。浄土がどうして、麁（劣っている）であろうか。だから、十六観は、すべて、妙観なのだ。

この一心三観は、一心（一念の妄心、介爾の一念）に三観（空観、仮観、中観）を互具していること、もしくは、一心と三観が縁起の在りようをしているのだ。それ故、己心を観察すれば、三観を行じているのと同様の成果を得ることが出来る。一心を挙げれば、三観が具されているのだ。己心を己心によって観察すれば、三観が働くからだ。それ故、己心によって、三諦（真諦、俗諦、中諦）を観察出来るし、三智（法身、般若、解脱）を得る事も出来る。一心で仏の所諦を観察出来るから、阿弥陀仏をも観察出来るのだ。観察に一心を用いるのは、手近で、容易だからだ。それは、『華厳経』に説いている「心仏衆生の三法無差の原理による」。知礼は、そのように考えているのだ。

（二引）中論証。論云。因縁所生法。我説即是空。亦名為仮名。亦名中道義。……今証円観。観所対法豈有不従因縁生者。今修円観必先解知能生因縁及所生法。皆不思議。方於此境観空仮中。又須了知妙諦妙観。悉是能観因縁所生陰等諸境。皆是所観。前且直云観於一諦而三諦。須知於陰等境観一諦等也。

『疏妙宗鈔』（大正・37・206c）

『中論』を証とする。論に述べている。「因縁によって生じた存在は、私（釈迦仏）は、空と説く。さらに、仮名という。さらに、中道の意味である」と。……今、円観を証すれば、観とは、対象を観察する法である。因縁生によらないことがあろうか。今、円観を修行すれば、必ず、先ず、能生の因縁、所生の法を解釈して知る。皆、不思議である。方に、この境と観は、空仮中である。また、妙諦と妙観は、悉く、能観の因縁、所生の陰（五陰などの観の対象のこと）等の様々な境を了知すべきである。皆観察の対象である。前に、直ちに述べた。一諦および三諦を観察して、陰などの境、一諦等を観ずるべきである。

この段落で、知礼は、一心と三観は、縁起の在りようだから、（一心によって）「能観の因縁、所生の陰等の様々な境を理解すべきだ」と述べている。「能観の因縁も所観の境」も三観の領域であるから、このような見解が述べられるのだ。

蓋示所観融即用顕能観絶妙須知性中三徳。体是諸仏三身即此三徳三身。為我一心三観。若不然者則観外有仏。境不即心。何名円宗絶待之観。亦可弥陀三身以為法身。我之三観以為般若。観成見仏即是解脱。挙一具三。……初牒《ちょう》名従梵。無量壽者已是華言。天竺梵語称阿弥陀。……標無量壽。乃以無量而為其量。是則題中已言壽量。壽量依身乃成三義。故約三義而論有無。所言仏者。究竟覚也。理智既極始本両忘。無相無名不可説示。寧得立其身及壽量。

『疏妙宗鈔』（大正・37・207ａ）

思うに、所観の融通を示し、能観の絶妙を顕わすことは、性中の三徳を知るべきことである。体は、諸仏の三身であり、この三徳三身を具し、我が一心三観をなす。もし、そうでなければ、観の外に仏が有り、境（観の対象）は、心を具さない。どうして、天台円宗絶待の観と云うのか。さらに、弥陀の三身は、法身と為すことが出来る。我の三観を、般若とする。観が成就して、仏を見ることは、そのまま、解脱である。一を挙げれば、三を具す。……初牒（名前）は梵語（古典インド語、サンスクリット語やパーリー語）に従っているのだ。無量壽とは、既に中国語に翻訳されたものだ。天竺の梵語（インドのサンスクリット語）では、阿弥陀という。……無量壽と標する。無量によって、その量となす。このことは、経題の中で、既に、壽量を云っている。壽量は、身によって、三つの意味がある。だから、三つの意味をもつ。だから、三つの意味によって、有無を論じる。仏と言うのは、究竟覚である。理智は既に、始覚と本覚の二つを極めて区別を無くしている。無相無名だから、説示出来ない。どうして、阿弥陀の身と寿命の量を確立することが出来ようか。

衆生を済度するためだから、阿弥陀の仏心と寿命の量を云うことが出来ない。世間に順じて、名を立てて、相を立てる。だから、三身と三壽量を説く。このことについては、真実の仏には、三つは無い。世に随うからある。有無の意味を了知すべきである。仏は、本来、無身、無壽量というのは、ただ、相は、情に随い三つは有ることが無い。性具微妙の身等は無いのでは無い。この故に、真仏・究竟は、一切浄穢の法門がある。

知礼は、この段落で、阿弥陀仏の応身、方便について論じる。寿命の量や、三智（法身、般若、解脱）は、衆生の状況に応じて対応する。だが、阿弥陀仏の本質は、法身である。阿弥陀仏に、性具微妙身などが存在するのは、あくまで、衆生済度のためである。「性具」とは、阿弥陀仏心に衆生を具し、衆生心中に、弥陀を具しているからで、これによって、弥陀と衆生の互具を表現し究竟する。

不可言身及壽量。為度生故。乃順世間立名立相。故説三身及三壽量。是則真仏無三。随世故有。然須了知有無之意。言仏本無身無壽量者。但無有相隨情之三。非無性具微妙身等。是故真仏究竟一切浄穢法門。

『疏妙宗鈔』（大正・37・207a—b）

衆生を済度するためだから、阿弥陀の仏心と寿命の量を云うことが出来ない。世間に順じて、名を立てて、相を立てる。だから、三身と三寿量を説く。このことについては、真実の仏には、三つは無い。世に随うからある。有無の意味を了知すべきである。仏は、本来、無身、無壽量というのは、ただ、相は、情に随い三つは有ることが無い。性具微妙の身等は無きにしもあらず。この故に、真の仏は、一切浄穢の法門を究竟する。

初法身者。師軌釈法。捨通従別。通則生仏倶軌法性。然其九界雖軌而違。如人依師不順師教。唯有諸仏従初発心。軌法而修。今能究竟冥合法性。故大経云。諸仏所師。所謂法也。以法常故。諸仏亦常順法性故名法為師。実非所師。與能体別。故即諸所師法而為其身。

『疏妙宗鈔』(大正・37・207b)

初めに、法身というのは、軌範を師として、法を解釈する。通教を捨てて、別教に従う。通教は、衆生と仏が、倶に法性を規範とするのだ。しかして、その九界は、軌範は相違すると雖も、人は師によって、師の教えに順じないようなものだ。唯だ、諸仏は、初発心に従い、法を規範として、修行するものが有る。いま、法性を究竟し、冥合する。だから、『大品般若経』に述べている。諸仏が師とするところは、所謂、法である。法は常住だから、謂うなれば、仏も、さらに、常時に、法性に順じるから、法を師とするというのだ。まことに、師とするところでなければ、ともに、体別であることが出来る。だから、諸師は、法に依って、その身をなすのだ。

為物機故。強指法性名為法身。……法性三義。非陰聚身。非報得壽。非長短量。強於法性説身説壽説量故也。……報即酬報也。修行是因。感於妙報而酬因也。

『疏妙宗鈔』（大正・37・207b—c）

物機のためだから、強いて、法性を指して、法身となす。……法性に三つの意味がある。陰にあらずして、身を聚める。報にあらずして、壽を得る。長短の量ではない。強いて、法性によって、身を説き、壽を説き、量を説くからだ。……報身は報酬と同じで、修行は、因である。妙報によって、報酬の原因を感じるのだ。

知礼は、この段落では、法身と報身について論じる。法身は、およそ、凡夫の理解のために、法身は、法性であると。厳密に言えば、法性は、必ずしも、法身のみを指すのではない。真如も法性であり、本覚も法性であり、仏も、究竟即でさえ法性である。法性の概念は、法身よりも広い。法身は、法性の一部分なのだ。他方、報身は、因位の菩薩が、修行の結果、報われる報酬の仏身である。この段落の主旨はこのようである。

中道法身乃本覚体如覚冥此能冥亦忘。為成観故。強名報智。……明壽言非壽者。非応同連持之壽。非不壽者。非報智不連持壽。双非二辺冥中法体。強名之意。同前身也二法量下。明量。非応有量非報無量。及非二辺義同身壽。三応身三。初明応物有三。初身。如谷答響。大小随声。如鑑現形端醜在質。応萬物感現勝劣身。二応同下壽。身既同物壽豈差機三応同下量。随宜長短示量無量。二智與下。明依二有応三。初法。智即報身。体即法身。此二冥合。応用無方。

『疏妙宗鈔』（大正・37・207c—208a）

中道法身は、本覚の本体である。覚が冥伏するように、これは、冥伏し、忘却出来る。観を成就するために、強いて、報智という。……壽を明かせば非壽とは、連持の壽と同じでは無い。不壽では無いというは、報智は、不連持の壽では無い。二つは、二辺の冥伏中の法体では無い。強いてこの意味をいう。前身と同じである。三、法量の下、量を明かす。有量の応身でなければ、報の無量では無い。そして、二辺の意味は、身壽と同じでは無い。三、応身は、三。初めに、物に応ずるには、三有ることを明かす。初めに、谷で木霊するようなものだ。その大小は、声によるる。鑑（鏡）にうつる形の美醜は、ものの本質に在るようなものだ。萬物に応じて、勝劣の身を感じ現わす。二、応は、下の壽に同じ。身は、既に、物壽に同じだから、どうして、機の差別の三は、下の量に同じく応じるのか。長短の宜しきに随がって、量、無量を示す。二智とともにの下、二によって、応身に三つ有ることを明かす。初めに法。智は報身を具す。体は、法身を具す。

この二は冥合する。応身の働きに、方位は無い。

知礼は、この段落では、法身、報身、応身について論述する。法身は、中道であり、本覚であり、通常は冥伏しており、色は無い。それ故、仏以外は、認識することは出来ない。報身は、因位の菩薩が修行の結果得られた仏身をいう。果遂の仏身だ。その他もろもろの仏の相好は、すべて、応身だ。応身には多くの変化があるのは、応身の目的は、衆生済度の為の方便の具現化だからである。

即此無常全体是常。則常無常二用相即。……首楞厳三昧経云。堅首菩薩問。仏壽幾何。仏令往東方過三萬二千仏土。於荘厳国問照明荘厳自在王仏。彼仏答云。如釈迦壽我亦如是。汝欲知者。我壽七百阿僧祇劫。堅首廻此白仏。阿難云彼仏乃是釈迦異名。雖機勝見長。而七百猶可数故。亦是有量之量。若阿弥陀。人天莫数。故是有量之無量也。……仏仏既皆三身円証。応身被物。物壽長短。豈不随順各示両量。故弥陀現長亦能現短。釈迦現短亦能現長。

『疏妙宗鈔』（大正・37・208b）

即ち、この無常は、全体として、常である。常と無常の二用は、相即している。『首楞厳三昧経』に述べている。堅首菩薩は問う。仏壽は、どのくらいですか。仏は、東方に行き、三萬二千仏土を過ぎて、荘厳国で、照明荘厳自在王仏に問いなさい。その仏は答えて云う。釈迦の壽のように、私も亦他同様だ。私の壽は、七百阿僧祇劫である。堅首これを廻して、仏に申し上げる。阿難は云う。かの仏は、釈迦の異名である。機根が勝れ、見識に長じているというが、七百は、可数（数えられる数）だから、さらに、有量の量である。阿弥陀のごときは、人天には数えられないから、有量の無量である。……仏と仏は、既に、皆、三身は円証しており、応身は、物によって、物壽の長短がある。どうして、各々に随順して、二つの量を示さないのか。だから、弥陀は、長寿を現わし、さらに、短寿を現わすことが出来る。釈迦は、短寿を現わし、さらに、長寿を現わすことが出来るのだ。

この段落では、応身仏の寿命を論じる。常であるか、無常であるか。有量か無量か（可数か不可数か）。『首楞厳三昧経』の堅首菩薩と、阿難尊者は、弥陀の無量壽と釈迦の有量を指摘して、応身仏の寿が多様であることを示した。仏の寿命は、衆生の在りように左右される。仏は、衆生のためにこそ存在するからだ。

一色一香無非中道。一切諸法皆是仏法。既一切皆実。実外無餘。……今簡情取理而為経体。応知実相全体照明。称為真心。亦名本覚。覚体遍故諸法皆実。若指其要。不離現前分別之念。念即本覚覚即経体。無別経体以為所詮。以此覚心観於依正。能所即絶待対斯忘。妙観之宗自兹而立。若不爾者。何須得体方立経宗。実相印者。印即符印亦信也。亦印定義。……大乗一印即一実相。

『疏妙宗鈔』（大正・37・209 a）

一つのもの、一つの香りといえども、中道（実相）でないものは無い。一切の諸法は、皆、仏法である。一切が真実であるからには、真実の他に、他の物は無い。（あらゆるものは、真実である。）……今、情を簡んで、理を取り上げれば、経の本体となる。実相は、全体として、明らかであることを知れば、真実心と言い、さらに、本覚という。覚の本体は遍く行き渡るから、諸法は、皆、真実である。もし、その要を指摘すれば、目の前の、迷いの念を離れない。一念は、本覚を具し、本覚は経の本体を具す。別の経の本体が無ければ、詮らかになる。この本覚の心によって、仏と浄土を観察すれば、能所は、即、絶待であり、これを、忘却する。妙観の宗致は、ここに、成立する。もし、そうでなければ、どうして、本体が、正しく、経の宗致を成立出来ようか。実相の印というのは、印は、符印であり、さらに、信であると印の定義をするのだ。……大乗の一印は、一つの実相である。（真如である）。

この段落で重要なことは、まず、一切の法は、皆、仏法であること。覚（真如）の本体は周遍するから、諸法は、皆、真実である。一色一香は、すべて、中道であると。

情によって、理を観察すれば、経の本体に行き着く。覚の本体は、凡夫の迷いの念を離れない。一念は、本覚を具す。

本覚の心で、浄土を観察すれば、観察する能観も、観察される所観の浄土も絶待である。

大乗の一印は、実相である。（真如である。）

以上の四点が、この段落の要旨である。これらは既に、前で、論じた。

般若徳空即中故。故般若徳是諸法底。……論云。智度即実相般若。仏以観照般若於諸法中証此智体。故云窮底。然法性甚深。無有底際。云窮底者。良由仏以無底際。智称性而証。義言窮底。……論云般若。亦実相般若。般若解脱名殊義一。『疏妙宗鈔』(大正・37・209c)

般若の徳である空は、中を具す。だから、般若の徳は、諸法の底(基盤)である。……『大智度論』に述べている。智度は、実相般若である。仏は、諸法中の般若を観照して、この智の本体を証する。だから、底を窮めると云う。然るに、法性は甚深であり、底や果ては無い。底を窮めると言うのは、真に、仏によってこそ、底も果ても無い智慧を性といって証るから、そのことを、底を窮めるというのだ。……般若を論ずれば、実相は、般若であり、般若と解脱は、名前は異なるが、意味は同一だ。

知礼は、この段落では、般若は、空に中を具し、諸法の底を窮める。仏は、般若を観察して、その本質を明らかにして、諸法中の智慧の本体を証る。法性は、深さも、広さも果てしないが、仏の智慧はこれを窮める。般若は実相であり、般若と解脱は、別物では無いと述べている。

三明宗。宗謂宗要。此経之要在修心。妙観感於浄土。心観即是一心三観。……感土之相。此文備論。今経妙宗。在此因果。……宗是因果。此属於事。体是一性。此属於理。……宗是宗趣。趣果趣理。趣果必因。若趣理者。要須修観。……体本是理。観雖趣理。理非明昧。因果依理。理非因果。

『疏妙宗鈔』（大正・37・210ａ）

三に、宗を明かす。宗は、宗要を謂う。この経の宗要は、心を修行することにある。妙観（優れた観察）は、浄土を感じる。心観には、一心三観を具（具は、天台では、即と同じ意味）す。……浄土を感じる相を、この論文は、備えている。今経の優れた宗要は、この因果に在る。……宗要は、因果である。これは、事に属する。本体は、一つの性だ。このことは、理に属する。……宗は、宗趣でもある。果に趣き、理に趣き、果に趣けば、必ず、因となる。もし、理に趣かば、要は、観を修行すべきである。……本体は、本来、理である。観察は、理に趣くと雖も、理には、明と昧は無い。因果は、理によるが、理そのものは、因果では無い。

今拠普賢観経。験其宗体不定一異。故彼経云。大乗因者諸法実相是。大乗果者。諸法実相是。実相因果不異而異。……此為妙宗。因果実相不一而一。非事外理此為妙体。……大乗之法。其要在心。心具易知。色具難解。故止観云。因通易識。果隔難知。故観自観他。皆修心観。今観淨土須求於心。心能具故。心能造故。心垢土垢。心淨土淨。

『疏妙宗鈔』（大正・37・210ｂ）

いま、『普賢観経』によれば、その宗の本体は、常に、一でも異でも無位事を体験する。だから、彼の経に述べている。大乗の因は、諸法実相そのものである。大乗の果もまた、諸法実相そのものだ。実相の因果は、不異にして異（不異と異は、縁起の関係、具の在りようであることを示す）だ。……このことを、妙宗となす。因果の実相は、不一にして一だ。（不一も一も、無自性、縁起であるから、両者の関係は具であり、即である。）事外の理は（事と理とは、具の関係だから、理は、事に具されており、事外の理などは、ありえない）このことを、妙体とはしない。……大乗の法は、その要は、心に在る。心具は、知り易いが、色具は、難解である。だから、『魔訶止観』に述べている。因は、通じているから、識り易く、果は、隔たっているから、知り難い。だから、自身を観察し、他者を観察することは、皆、心観を修行するのだ。今は、浄土を観察するためには、心に求めるべきだ。（浄土を観察するためには、己心を観察せよ、という意味だ。）心は、（一切法を）具することが出来るからだ。心が垢れていれば、浄土も垢れて見える。心が浄よければ、浄土も浄く見えるのだ。

『普賢観経』によれば、大乗の因は、諸法実相、大乗の果も諸法実相である。実相の因と果は、互具であり縁起である。大乗の法の要は心に在る。『摩訶止観』によれば、心具は、知り易いが、色具は難解であるから、止観を行ずるときは、己心を観察せよ。浄土や仏を観察するときも、それを己心に求めよ。心に一切法を具するからだ。

五逆罪人臨終十念得往生者。亦得不退。故云皆正定聚。起信論明初心生彼住正定。故小弥陀経云。生彼皆得阿鞞跋致同居淨中。『疏妙宗鈔』（大正・37・210c）

五逆の罪人は、臨終の十念によって、往生出来るというのは（『仏説阿弥陀経』の中に、そのように説いている）、さらに、不退転を得るのだ。だから、皆、正定聚をうる。（将来、この世を去る時、阿弥陀仏の本願力によって、極楽浄土往生が約束されている人をいうのである。）『大乗起信論』に、初心生ずれば、その人は、正定聚に住することが明かされている。だから、『仏説小阿弥陀経』（『仏説大無量壽経』の別訳に、『仏説大阿弥陀経』があるので、それと区別する意味で、このように云う）に述べられている。その人は、皆、阿鞞抜致を得て、同居浄土に生まれると。

この段落は、知礼が、『仏説観無量壽仏経』の註釈を付ける中で、最も重視したところである。第十六観の中で、最下層である下下品の人のための極楽往生を語っているからだ。かれは、五逆の罪人は、他の観法では往生出来ない。ただ、臨終の時、十念（十声）の称名念仏を称えることによって、極楽に往生出来る、と『仏説阿弥陀経』の記述を引用している。皆、正定聚を得るとは、極楽往生が約束されており、死後、必ず、それが実現されると言う意味である。

三徳互具。一一論三。『疏妙宗鈔』（大正・37・211c）

三徳は、互具しており、一一について三を論ず。

体是法身所顕性也。宗是般若能顕智也。用是解脱所起力也。……即是性具善悪二修。今体逆修既全性具。……用遍一切。非無悪用。以順性故。生善滅悪。故染悪用称性用之最能滅悪。
『疏妙宗鈔』（大正・37・212a）

本体というのは、法身が顕わした性だ。宗というのは、般若の能顕（般若が顕す）の智である。用というのは、解脱が起こす力用だ。……即ち是の性具善悪の二修は、今、本性の逆修は既に性具を全うする。……働きは一切処に遍き、悪い働きがあることは無い。性に順ずるから、善を生じて、悪を滅するから、性の働きが最も能く悪を滅すると称する。

知礼の見識によれば、体は、法身が顕わした性で、宗は、般若が顕す智で、用は、解脱が起こす力用だ。

此経大力能滅此等極重三障。即生浄土。若此三障性非三徳。何能無間転為極楽。従極鈍根且論十念生最下品。若従利根非不能生上之八品。以其五逆体是寂光。故可於此浄四仏土。
『疏妙宗鈔』（大正・37・212b）

この経（『仏説観無量壽仏経』のこと）の大力用は、これらの極重の三障を滅することが出来、直ちに極楽浄土に往生する。この三障の性の如きは、三徳では無い。どうして無間を転じて極楽となすのか。極鈍根について、十念によって、最下品も往生する。もし、利根によれば、上の八品（機根には、上の上、上の中、上の下、中の上、中の中、中の下、下の上、下の中、下の下の九品があり、先に、最下の下の下について述べたので、ここでは、その他の、八品をいう）も往生させることが出来るのだ。その五逆の本体は、寂光である。だから、これによって、四浄仏土に往生出来る。

『仏説観無量壽仏経』の大きな働きは、極悪深重の凡夫を直ちに、弥陀の極楽に往生させることにある。極鈍根の下下品の衆生も、『仏説阿弥陀経』に説く、十念（十声）の称名念仏によって、弥陀の浄土に往生する。

相是相状。　　　　　　　　　　　　　『疏妙宗鈔』（大正・37・212ｂ）

相というのは、相状のことである。

次意即是光中現土即目覩見也。其二種見皆由感応。雖遠而近。然若心性不具塵刹。則仏無応現之理。生無感見之功。故此経談是心是仏。観迷此意則非妙宗。……実相不二而二。立因果殊。二而不二。始終理一。『疏妙宗鈔』（大正・37・216ａ）

次の意味は、直ちに、仏光の中に、極楽浄土を出現し、目によって、それを観見することである。その二種の見は、皆、感応による。極楽は、遠いと雖も、近い。（極楽への距離は、ここより西方十萬億仏刹を超えた所に在り、且つ己心の中に在るから、このようにいう。これは、我も、浄土も、無自性であり、縁起であるから、ともに、具の在りようをしているので、可能となる）しかるに、心に、塵刹を具さないならば、仏の応現の理はない。衆生が、仏に感応して、極楽を見るということは、ない。だから、この経では、「是心是仏」と述べているのだ。この意味に迷うて観察すれば、妙宗ではない。……実相は不二にして二である。因果を立てることが異なるからだ。二にして不二なのは、常に理は一つだからである。

知礼は説く。弥陀の極楽浄土は、「雖遠而近」、経では、ここを去ること十萬億仏国土（遠い）というけれども、己心の中に存在するから近い。（心仏衆生は三法無差、衆生心中の仏、是心是仏等という。）さらに実相は、不二にして二とは、因も諸法実相、果も諸法実相だから、このように言う。

円人妙解知能想心本具一切依正之法。……既皆法界。豈不即空仮中。……尚須念念即空仮中。……若別論三観成日功者。以根境空寂故。心日無碍。以縁起仮立故。累想日生。以其心日皆法界故。当処顕現。此之三観同在一心。

『疏妙宗鈔』（大正・37・217c）

円人の妙解は、想心に、本来、一切の依正の法を具している。……既に、皆、法界である。どうして、空仮中（真如）を具さないのか。……尚、念念に空仮中を具する。（常に、真如を具す。）……もし、別に、三観が、日に成就する功績は、根（主観のこと）と境（主観の観察の対象のこと）が空寂だからである。心は、日に無碍で、縁があるから仮が成立し、さまざまな想を日に生ずれば、その心で、日に、皆、法界（空、仮、中の中を意味する。此の中は、即空仮中の中で、別教で説く、但中ではない）だから、当処に顕現する処は、この三観は、同じく、一心に在る。

滅障即五逆重罪也。彼経散善力弱。故逆謗不生。故彼経云。若有衆生聞其名字信心歓喜。乃至一念至心廻向願生彼国。即得往生。住不退転。唯除五逆誹謗正法。若依今経修正観者。下至日想即能滅除五逆重罪。是知逆罪得生必由修観。下輩自論者。下品下生観云。除八十億劫生死之罪。

『疏妙宗鈔』（大正・37・218a）

障即ち五逆罪を滅する。かの経は、散善の力用が弱いから、五逆罪や誹謗正法は生じない。だから、かの経に述べている。「若有衆生。聞其名字。信心歓喜。乃至一念。至心廻向。願生彼国。即得往生。住不退転。唯除五逆誹謗正法」。（この引用文は、康僧鎧訳の『仏説無量壽仏経』の第十八願文に似ているから、そこからの引用であろう。「設我得仏。十方衆生。至心信楽。欲生我国。乃至十念。若不生者。不取正覚。唯除五逆誹謗正法」。ただ、語順と語に若干の相違がある。恐らくは、この経が、伝承して行く中で変化したとも考えられる。）もし、この経によって正観を修行すれば、下は日想観にいたるまで、直ちに、五逆重罪を滅除出来る。逆罪を知って、必ず観を修行すれば、下輩（下品上生、下品中生、下品下生）ですら往生出来ると。下品下生観に云う。八十億劫の生死の罪を除くと。弥陀の力用は、五逆罪や正法を誹謗したものすら往生させると、説く。これは、『仏説無量壽経』の「唯除五逆誹謗正法」の経文ですら、弥陀の願力は超えていることをいっているのだ。

問既用法界以為心境。顕法界日。……拠下経説。下下品人以苦逼故不遑《こう》念仏。但十念頃称彼仏名。心雖相続終不可類見日定心。因何同在第九品位。『疏妙宗鈔』（大正・37・218a―218b）

問う。法界をもって、心の境となす。法界の日を顕示する。……下の教説に拠れば、下下品の人は、あらゆる苦が身近にせまっているから、念仏（観念の）するいとまがない。ただ十声ほどの阿弥陀仏の名号を称えれば、心は、続けて集中して、日想観の類を見ることが出来なくても、どうして、第九品位に同じく在るのか。

答彼由造逆及作衆悪。臨終苦逼得遇善友為説妙法。雖不能念彼仏三身。怖地獄故。苦切称名具足十念。『疏妙宗鈔』（大正・37・218ｂ）

答える。彼は、逆罪と多くの悪を作ったけれども、臨終に苦が逼迫し、善知識に遇って、妙法を聞くことが出来るから、彼の仏の三身を念ずることが出来なくても、地獄を恐れて、必死になって、阿弥陀仏の名号を十声称えるのだ。（この行為によって極楽に往生出来るのだ。）

大師引此立有分別色。若心若色唯是一色。今水声説法光明化鳥。……色能造心。色具於心。唯是一色耶。須知萬法唯心。……一切唯色但在円宗。『疏妙宗鈔』（大正・37・219ｂ）

大師は、此れを引用して立てて、色を分別することがある。もしくは心、もしくは色は、唯だ、一つの色である。今、極楽では、水の音が、光明化鳥を説法する。……色は心を造ることが出来、色は心を具す。唯だこれは、一色だけなのか。萬法は唯だ心であることを知るべきだ。……一切は、唯だ色ということは、但に、円宗のみに在る。

以由理具方有事用。能想之心何法不具。依聖言境就性而観。『疏妙宗鈔』（大正・37・219ｃ）

理具によって、事用があるから、心で想うことが出来る。いずれの法によって、聖言によって、経を言えば、性について、観を具さないことがあろうか。

結語

四明知礼は『疏妙宗鈔』を書いて、智顗の『仏説観無量壽仏経疏』に註釈を付けた。『疏妙宗鈔』は、六巻で構成されている。この本は、智顗の『疏』の解説にとどまらず、知礼の独自の思想も反映されており、彼の関心のある部分は、詳細に解説されている。だから、長編となったのだ。重要な項目は、多かったが、簡潔にまとめる必要があったので、どの部分を残して、どこをけずるのか、という判断に迷った。結果、内容の重要性に鑑み、つい残すところが多くなり、煩瑣になったことを反省している。枚葉のまとめと、結論との綱引きに迷ったのだ。以下が、その結果である。

知礼は云う。阿弥陀仏は、実に、衆生を憐れんで、時機にかなった、巧みな智慧によって、多くの法を説き、観門を示し、下品の衆生のために、因縁を施した。願わくば、私は、衆生と共に在りつつ、心に念仏して（観念の念仏）、この鈔を作ろうと。知礼は、『仏説観無量壽仏経』の十六観法が説かれた理由を、仏の慈悲と智慧によると解説する。『仏説観無量壽仏経』は、経名が示しているように、無量壽仏を観察する経であり、観仏の方法を説き示すために存在する。阿弥陀仏の本質は、法身である。阿弥陀仏に、性具微妙身等が存在するのは、あくまで、衆生済度のためである。「性具」とは、阿弥陀仏心に、衆生を具し、衆生心中に、阿弥陀仏を具しているからで、これによって、弥陀と衆生の互具を表現している、とは知礼自身の思想である。

知礼は述べる。観というのは、能観は、十六観だ。観は、この経では、重要な概念だ。とりわけ、真仏観法と最後の観の中の下下品観法が重要である。能観とは、一心三観である。一心は、行者の己心・妄心であり、三観は、空観、仮観、中観だ。三観は、主体の行為であり、その対象となるのは、真諦、俗諦、中諦の三諦であると。この段落は『仏説観無量壽仏経』のタイトルの眼目である「観」の解釈であり、省略出来ない。

知礼は、本覚と始覚について説く。本覚は、六即で言えば、究竟即であり、仏果のことだ。始覚は、衆生に、本来、具している仏性、衆生心中の仏、理即のことだ。念々に、皆、覚るというのは、仏を具すると言う意味である。これを始覚というが、天台の具の理論で言えば、同時に、本覚を具す。始覚と本覚は、縁起の在りようをしているから、始覚と本覚は、互具である。始覚は、究竟の仏果ではないが、仏果と互具である。だから、始覚と本覚の体は、一つなのだと。この部分は、智顗が重視した「六即」の本質についての知礼の考えである。

『摩訶止観』に述べられている「介爾の一念」は、法は、そこはかとない日常の迷いの心から生じる。行者は、己心によって、かの仏と浄土とを観察する。仏と浄土（正報と依報）は、己心によって彰われることが出来る。知礼は考える。己心を観察するのは、己心は発し易く、己心には一切法を具し、一切法を造るというのは、実は、能具所具能造所造は無く、心に即して法であり、法に即して心であるからだ。能造の因縁および所造の法は、皆、悉く、それらが存在するところは、すべて、己心なのである。阿弥陀仏は、法界心であり、法界の対象を観察すれば、法界を生ずる。知礼は述べる。仏も性も周遍するから、法界というが、法界とは、一切法が行き渡る範囲のことで、辺際は無い。この思想は、智顗の継承で、知礼を経由して、伝灯に引き継がれた。知礼は、阿弥陀仏、存在、心をただ浄土、ただ阿弥陀仏という。存在は、ただ心であり、ただ観であり、ただ観の対象なのだ。

浄土は、衆生の心の外に存在するのでは無い。涅槃は、本来、衆生の心中に在るから。この当所を押さえることが大切で、我々には、西方十萬億仏国を超える極楽に在り、且つ、己心の中に在る。だから、涅槃を得る為に遥かな極楽浄土への旅が必要では無い。煩悩心の中に、涅槃や浄土は具足されているからだ。だから、知礼は、弥陀の極楽浄土は、「是心是仏」であり、「遠而近」という。実相は、不二にして二、因も諸法実相、果も諸法実相だから、このように言う。この思想に影響されて、伝灯は、「浄土の生無生」を発想したと思われる。

知礼の言う念仏は、原則として、観念の念仏である。一心三観を用いて、観門の対象である依報の浄土と正報・一体・三身の阿弥陀仏を観察する。その手段は、己心によって己心を観察の対象とする。何故か。心は一切法を具足しており、一切法もまた心を具足しているからだ。心は、即極楽浄土であり、心は、即阿弥陀仏であるからだ。それ故、行者は、口ではなく、心で念仏するのだ。以下が例外である。だが、この方法は、凡夫が行ずるには、困難を伴い、臨終に臨んでは、殆ど、不可能だ。そこで、この経は、別の容易な方法を用意している。第十六観の中の、十念の口称念仏、弥陀の名号を相続する方法である。この方法の解釈には、絶対他力から、半自力、半他力まで、異論が、存在する。前者は、この経よりも、『仏説無量壽経』の第十八願を要とし、後者は、この経と『仏説無量壽経』の第二十願を重視する。知礼や智顗は、後者の見解を取る。

『仏説観無量壽仏経』は、述べている。釈迦如来が、今、韋提希と未来の衆生のために、西方の極楽世界を観察させるのは、阿弥陀仏の本願力による。此れが出来るのは、自力だけでなく、弥陀の行業の助けを借りるからだ。知礼の性悪説について、仏の性は、悪であり、衆生の性は、善である。その根拠は、仏は、修においては善で、悪は尽くしているから、修に悪はなく、性のみに悪が残る。衆生の修は、悪である。修において善を尽くしており、性に善のみが残る。これが、所謂、天台性悪説である。

三輩往生を示す。三輩の行の働きは、皆（横截）、横ざまに、五逆道を飛び越える。漸次に進むのではない。その結果不退転を得る。『仏説無量壽経』に、「横截五悪道」と。これが可能なのは、行者自身の能力ではなく、阿弥陀仏の本願力による。

止観の対象に阿弥陀仏を選んで、観を修行すれば、仏の相好が顕れる。心のすべてが仏であり、仏のすべてが心である。心を観察すれば、常に、仏を観る。心に仏界を具しているからだ。極楽と阿弥陀仏は、己心を離れない。だから、心観という。

一切法は、皆、一切法を具するから、天台では、唯色、唯香、色具一切法、色具三千を許す。智顗の「一切法は縁起である」という思想では、色も心も一切法も、縁起の在りようだから、色と一切法の在りようも、心と一切法の在りようも、具であり、即であり、無自性、縁起の関係だから、「心具一切法」が成立するならば、「色具一切法」も理論的には、成立する。止観では、己心を観察の対象にするが、色を選ばないのは、不可能なからではなく、困難だからだ。知礼は、「色具三千」、「心具三千」をいう。これは、色と三千・真如が互具の在りようで、心と三千・真如も互具の在りようで、色、心ともに、真如と縁起の関係であることを意味する。「色具三千」を許すことは、山川草木にも真如・涅槃があるという奇妙な論理のようだが、一切諸法は、無自性、縁起の在りようだから、この論理は成立するのだ。これを見ても、天台哲学が、縁起を基盤にしていることが理解出来る。知礼は、智顗の思想を忠実に継承しているのだ。ただ、色では無くて心・己心を止観の対境と考えたのは、「観心は、手ごろで、的を得ていることが望ましい」と考えているからだ。観法は、平易に従うのがよい。知礼は、十六観法では、仏身観がすべてを摂するから、仏身観を行ずることを勧めている。だが、智顗が述べているように、「仏法は太だ高く」、観察することは容易ではない。だから、『仏説観無量壽仏経』では、第十六の三輩九品観の中で、下下品の機根の人が、臨終に十声の称名念仏の相続と、弥陀の本願力で往生すると述べているのだ。この段落は、知礼の思想的特色が現われている。何故、彼が、「色具三千」を許したのか、よく理解出来る。

知礼は、「無量壽」、「阿弥陀」の尊号について大きな力用があることを説いている。彼は、観法の重要性について認めているが、阿弥陀仏の大慈悲に思いを致す時、下下品の人の済度を考慮すべき、と考えた。臨終が逼迫した時節で、その行者の為し得ることは限られている。弥陀の妙号に衆生を救済する力用があるから、これに頼るのが、最適だと。

知礼は云う。衆生の未来の果法は、釈迦が既に、成就している。弥陀と釈迦の本体は、究竟的には、別ではない。能観は、「一中無量」であるから、弥陀を観察することが出来れば、一切諸仏を観察したことに等しいと。

智顗が説いている六即について、知礼は説明している。六即の最下位は、理即であり、最上位は究竟即だ。究竟即というのは、一切法は仏法でないものはない。衆生は迷っているから、このことを知らない。だから、円実教は、迷情に順じない。直ちに、皆、仏法であることを示す。究竟の悟りは、一切法は、仏法であることを知る。因位では、このように差別があっても、いずれも、即であるから、衆生心中の仏と同義である。故に、六即の各階梯において即である。これは、智顗の、十法界互具の思想に基づいた理論である。智顗の説く、十界互具の概念によれば、仏法界は、衆生の九法界を互具しており、他の九法界も亦、仏法界を含む九法界を互具している。仏法界は、六即では、究竟即に相当するが、十界互具の理論によれば、相似即……理即の五即のいずれの位置においても、即の時に、仏果への通路は、開かれているのだ。これによって、智顗が「六即」を重視した意味が理解出来る。

知礼は、『大品般若経』の「迦葉品」を引用して、「衆生は即是仏である。衆生を離れて、三菩提を成就することは出来ないから」と。「如来性品」に述べている。「我々は、如来蔵を具している。一切衆生には、悉く仏性がある。本よりこの方、無量の煩悩に覆われて、仏を観ることは出来ない。だが、衆生心中に仏は存在する。この事実は、観不観とは無関係だ」と述べている。仏は、仏眼によって、一切衆生を観察する。貪、瞋、痴等の諸煩悩の中に、如来の智慧、如来の眼、如来身（法身、報身、応身）がある（十界互具であり、煩悩も如来も法であり、法は縁起の在りようをしているから）。一切衆生は、煩悩身であると雖も、衆生にそなわっている如来蔵には、常に、汚染は無い。如来蔵は、煩悩によって、決して、破壊されることはない。涅槃も亦た然りだ。本来、自から存在している。自然法爾なのだ。徳相を具足していることは、如来と異ならない。煩悩に汚染されている衆生心中に、仏智があるのだ。知礼は、如来と衆生の関係をこのように考えている。

『仏説無量壽経』に述べている。「もし、衆生が在って、その名号を聞いて、信心歓喜し、ないし、一念して、至心に廻向し、極楽浄土に往生したいと願うならば、直ちに往生出来、不退転に住する。ただし、五逆罪を犯したものと、正法を誹謗したものは除く」と。もし、今経（『仏説観無量壽仏経』）によって、正観を修行するものは、下は、日想観に至るまで、直ちに、五逆の重罪を除滅することが出来る。と。その手順として、「下下品の人は、五逆罪を造り、多くの悪を為したから、臨終に苦が逼迫しており、妙法を説く善知識に遇えば、阿弥陀の三身を観察することは出来なくても、地獄の苦を恐れるけれども、阿弥陀仏の称名で、十念を具足すれば浄土に往生して、不退転に住する」と。既に、知礼は、それ故、『仏説観無量壽仏経』の第十六観のほうが、『仏説大無量壽経』の第十八願よりも、下下品の衆生の済度には適していると考えた。

以上、『仏説観無量壽仏経疏妙宗鈔』の重点を要約したが、思いのほか長くなった。この本には、ことほど左様に、重要な内容が多くもりこまれていたのだ。

後序

「後序」としたが、これは「結論」のことである。この用語を使用した理由は、「結語」と表現が紛らわしいからだ。天台では、「後序」という用語が用いられることがあるので、あえて使わせてもらった。ここでは、全体の要旨と、「結論」に近い内容、および今後の出版計画、その他について述べる。

この論文では、伝灯の『淨土生無生論』、智顗の『淨土十疑論』、『仏説観無量壽仏経疏』、『仏説阿弥陀経義記』、知礼の『仏説観無量壽仏経疏妙宗鈔』について論じたが、各自の著作の後には、それぞれ「結語」をつけた。各部分の「まとめ」および論点を記述した。故に、「結論」ではない。それぞれの内容の結論は、「後序」に記した。従って、全文を読むのが煩瑣と思う方は、「序論」と「後序」だけ読んでもらえば、私の考えは解ってもらえるようにしてある。いますこし時間のある方は、それぞれの「結語」まで読んでいただければ、著者としてはありがたい。

この著書で、私が取り扱ったテーマは、私以前の先輩方が、殆ど論じなかった分野といってよかろう。たとい、先行研究があったとしても、相入れるところは少ないと考える。ことほど、左様に、私の天台学は、本来の、先輩方のそれとは、異質だと考えている。天台の用語の抽象化が、従来のものと、私のそれとは異なっているからである。一例をあげれば、一念三千、三諦円融、十界互具、性悪説等の概念を、私は、「具」と「縁起」に集約した。在る時には、上にあげた天台の四の概念は、現起しているもので、具と縁起は冥伏している。具や縁起が現起して、一念三千、三諦円融等が冥伏していることもある。この両者は、表裏の関係にあるが、常に、一方が現起している時は、他方の姿は見えなくても、必ず、存在しているのだ。さらに、私は、「縁起」は、存在の在りよう、存在と存在との関係と考えた。一見乱暴な手法に思われるが、本質的には、天台の教学と相応していると考えたからだ。ここで取り上げた、三人の天台学者の浄土論と浄土経典の解釈に際しては、現代の専門書は、殆ど参考にせず、もっぱら、知礼、正寂、受教、達黙、智旭の註や解説を参考にした。専門書の影響を受けたくなかったからである。「はしがき」で触れたが、本書は、修士論文を土台にして、智顗、知礼の浄土論と経典解釈についての私見を追加、訂正したものである。だが、表現方法は、より自由にした。

ここでは、天台学者の浄土思想を論じた。伝灯の『浄土生無生論』と、それに影響を与えた智顗の『浄土十疑論』、『仏説観無量壽仏経疏』、『仏説阿弥陀経義記』そして、知礼の『仏説観無量壽仏経疏妙宗鈔』を検証し、『浄土生無生論』の思想の意味とその評価を論じてきた。伝灯は、この論を、十に区分して、構成している。これは、智顗の『浄土十義論』が、重要な論点を十に区分したやり方に習ったものと思われる。智顗の場合は、質疑形式だが、伝灯は、論点の記述に限定している。

伝灯の『淨土生無生論』の論述の根底には「縁起」の概念が流れている。表面的には、「具」や「即」が論じられて、「縁起」は、伝灯の言葉を借りて表現するならば、天台の著作の中では、冥伏している。だが、隠れてはいるが、存在しないのでは無い。ここのところの「冥伏」という概念は、本著の最も重要な部分である。

大切なことは、「因中已有果」という言葉だ。我々衆生が、仏になることは、既に決定事項だ、と伝灯は考えており、「性中所具の極楽」を修（仏の行為）によって顕されると述べている。「仏法、衆生法、正報、依報、因法、果法」が、一念心に円満成就しているからだ。「現未互在門」の記述の中で、「以所具因法與所具果法同居一性」の句は、彼の『性善悪論』の中で、独創的に論じ、知礼の「性悪説」を批判した「一性中在善悪」思想とつながって行くものである。それ故、この『淨土生無生論』は、『性善悪論』の浄土版と考えてよいのではないか。

私が、『淨土生無生論』で、最も注目したのは、清代の学者達默の『淨土生無生論会集』で、彼が、縁起と無自性という仏教の基本原理に基づいて伝灯の『淨土生無生論』を解説してみせたことである。その着眼は素晴らしく、伝灯の著述の真意によく迫っていると思われる。達默の功績の一つは、「生無生」の「生」と「無生」や「性善悪」の「善」と「悪」が縁起の在りように基づいて「具」の関係にあることを指摘したことなど、をあげることが出来る。

私は、この達黙の論理を参照することによって、天台学の基底に流れている、無自性、縁起の仏教的基本原理に気付いた。

智顗の『淨土十疑論』、『仏説観無量壽仏経疏』等の書は、伝灯の浄土思想の基本部分の構成、「無自性」「縁起」に基づく「生無生」の発想に寄与している。伝灯の『淨土生無生論』に最も大きな影響を与えたのは、智顗の『淨土十疑論』である。序に該当する総論の中で、「もし西方弥陀の浄土を求めるならば、こっち（此の土）」を捨てて、あっち（浄土）を求めることは、中の理（天台の最高の概念）ではない。また、浄土を捨てて、此の土に執著することは、かえって誤りとなるゆえ、これも、中の理ではない。これは、仏の行為としては、往相（浄土に往生すること）と還相（仏と成ったら、この土に還って来て、衆生済度に励む）が完備してこそ円満なので、中の理にかなう。阿弥陀仏は、浄土にも娑婆にも留まらず、昼夜を選ばず、衆生済度に励んでいるのだ」と。この思想は、彼以後の中国の浄土教や親鸞の『真実教行証文類』に影響が見られる。

『淨土十疑論』の冒頭に、無自性、縁起思想がある。

「かの不生不滅というのは、縁起によって生ずる場合、諸法は和合して（縁起の在りよう）在るから、自性を保つことは出来ない（無自性）。生の本体を求めても得られない。生ずる時、やって来るところは無い。だから、不生というのだ」「不滅というのは、諸法が離散するとき（不変の真如が随縁して機に応じるとき）、自性は無い。我（が）が散じるとき（無我のとき）、至ところは無いから、不滅という。これを因縁生の外とは言わない（因縁生である）。さらに、浄土に生まれることを求めないからでは無いので、不生という」と。不滅とは、諸法が散じ（縁によって、衆生に応じる。不変の真如が随縁するのだ）、自性のままでは存在しない。無自性なのだ。我（が）が散じ滅するというのだ。この散じ滅する時、去って行くところは無い。だから、不滅というのだ。因縁生で無いものはない。別に（縁生以外に）不生不滅があるのでは無い。さらにまた、浄土を求めないのでは無い。だから、無生というのだ。『中論』の偈に云う。「因縁によって生じた存在は、そのまま、空と説き、さらに、仮名といい、さらに、中道義という。また云う。諸法は、自性では無い。さらに、他より生ずるのでもなく、何かと共に生ずるのでもなく、原因が無くて生ずるのでも無い。だから、無生であると知るのだ」と。ここに、伝灯の著作の題名の一部、「生」、「無生」が登場する。この「生」と「無生」の間には、「縁起」という語が省略されている。「生」と「無生」は、「縁起」の関係にあり、「生」が無ければ「無生」はなく、「生」があるから「無生」がある。だから、「生無生」の成立の基盤は、無自性と縁起なのだ。『浄土生無生論』では、「生無生」が現起して、「縁起」と「具」が「冥伏」している。慈雲遵式の発想を、伝灯が独自に活用したものだ。この詳細な内容は、拙著『天台教学』にある。

伝灯は、智顗の『淨土十疑論』の冒頭から、既に、このように影響を受けているのだ。

智顗は言う。『仏説観無量壽仏経』は、心の観察を宗要とする。無量壽仏という仏は、主体が観察する優れた対象である。仏を取り上げることによって、仏果をも収めとることが出来る。何故ならば、教化する衆生を包み込んでいるからだ。さらに、この経は、心観を宗要となし、実相を体とする「衆生心中の仏」、「仏心中の衆生」の言葉のように、教化する仏は、あらゆる処で教化の対象である衆生を包含しているから、十六観法を行ずれば、あらゆる処で仏を観察することが出来るのだ。

究竟とは、妙覚・仏果のことで、理即が仏を具しているのとは逆に、究竟即とは、仏果にも衆生を具していると言う意味である。そして、理仏と究竟仏は、互具、縁起の関係にある。智顗の見解では、縁起の存在とは、諸法実相の在りようで、即空即仮即中で、そのまま真如なのだ。天台では、衆生が菩提心を起こした段階で、理即という。

国土（浄土）と一念の関係については、経では、極楽は、ここから西方、十萬億仏刹の彼方に在ると説かれているが、仏力によって、仏の頭の頂に、極楽は現われる。一念の能縁によるから、弥陀の極楽は、遠くない。不滅とは、諸法が散じ（縁によって、衆生に応じる。不変の真如が随縁するのだ）、自性のままでは存在しない。無自性なのだ。我（が）が散じ滅するというのだ。この散じ滅する時、去って行くところは無い。だから、不滅というのだ。因縁生で無いものはない。別に（縁生以外に）不生不滅があるのでは無い。さらにまた、浄土を求めないのでは無い。だから、無生というのだ。ここに、伝灯の著作の題名の一部、「生」、「無生」が登場する。その成立の基盤は、無自性と縁起である。

仏と衆生心について、智顗は説く。「無量壽」というのは、「阿弥陀仏」のことで、本来、法身で、法性を指し、身体が無く、寿命も無く、量も無い。法身は、身ではないが、同時に、身と称するからには、身でも無いのでは無い。此れが、阿弥陀仏の特徴である。仏身については、三身、法身、報身、応身をいう。仏心は、法身（法界身）であり、その体は、法性を法規とし、法性を身とする。法界の、あらゆる所に遍く。観仏三昧を行ずれば、法身が衆生心に入る。この入ると言うことの意味は、伝灯の『浄土生無生論』の思想と変わらない。この心が仏になるとは、この心がそのまま仏とは、心と仏の関係が、即是、具、縁起ということで、この衆生心の外に仏は無く、また、仏になる因も無いのだ。これは、己心が、仏心を観ることでもある。身は心によって起こるから、身を観ることは、直ちに、心を観ることになるのだ。身は心によって起こるから、身を観ることは、即、心を観ることだ。

智顗は、仏身観に就いて次のように説く。眼で仏身を観ることは、同時に、仏心を観ることが出来る。仏心とは、大慈悲心である。この無縁の慈悲によって、あらゆる機根の衆生を救済するのだ。

智顗は、機根が、最下劣の下品下生の往生について、すべての十界には、仏界は具されているから、本来、衆生は、阿弥陀仏に救われているのだ。「一念成就即得往生」であり、「以念仏除滅罪障故」でもあり、その理由は、「即以念仏為勝縁也」だから。さらに、極楽国土に生まれたいならば、『仏説観無量壽仏経』に説かれている優れた十六観法を修行して、阿弥陀仏を観ることを願うべきであると。この十六観法は、『仏説無量壽経』に説く、第二十願文の「植諸徳本」（専修念仏、自力の念仏）に励み、さらに、阿弥陀仏の本願力（他力）の働きによって、行者は、極楽浄土に往生出来ると、智顗は考えている。さらに、下品下生の人は、『仏説阿弥陀経』によれば、阿弥陀仏の名号を十回称えて、一念相続を成し遂げれば、弥陀の極楽浄土に往生することが出来る。弥陀の名号の力用は、あらゆる罪障を除滅するから、智顗は『大智度論』の記述を引用して、「臨終を迎えた人が、大心の願力をさとれば、百年の願力に勝ると。大心というからには、人の心では無い。弥陀の仏心である。行者が、身を捨てて事にあたり、必死に念ずるから、弥陀も、その心に感応して、臨終の来迎に応えるのだ。人は、臨終に臨めば、今まで犯してきた深重の罪業によって赴く地獄の恐怖から、不惜身命の境地となり、「至心」に弥陀をたよるからだ。

この「至心」という言葉は、智顗と知礼にとっても重要である。『仏説無量壽経』の第十八願文に「十方衆生。『至心』信楽。欲生我国」、同じく第二十願文に「十方衆生。聞我名号。係念我国。植諸徳本。『至心』廻向。欲生我国」とあり、「至心」という言葉が出てくる。前者は、弥陀仏から廻向された真実の「至心」によって、弥陀の救いをえられたことを衆生が喜ぶ、という意味であり、後者は、衆生が、「植諸徳本」を「至心」に弥陀仏に廻向する意である。ともに、「真心をこめて」喜び、「真心をこめて」廻向することの大切さを、智顗も知礼も弥陀の救済の条件にしている。この「至心」は、衆生のものであり、親鸞が説くように、弥陀仏から下されたものではない。智顗と知礼は、衆生の自力の「至心」をといているのであって、親鸞の、弥陀の他力の「至心」（仏の真実心）とは、大いに異なる。さように、「至心」とは、両者にとって重要な意味をもつのだ。

智顗は、『法華玄義』でも詳説しているが、「如是」と云うのは、決定の言葉である。その理由について、「釈迦如来は、機根を観察して、瞋多き者の為に深妙の法を説き、貪多き者の為に、広く秘密を開いて、法を説いた。無明多き者の為に、中道に処する法を説いた。その言葉は虚しくは無く、発した言葉は、機に応じ、縁に逗《とど》まったのだ」と。

伝灯の思想に顕れている「凡夫の一心と弥陀」、「介爾一念と浄土」の関係は、知礼の『仏説観無量壽仏経疏妙宗鈔』に記述されている、天台の「具」（縁起）の解釈に依拠すれば、容易に理解出来るのだ。仏は、仏眼によって、一切衆生を観察する。貪、瞋、痴等の諸煩悩の中に、如来の智慧、如来の眼、如来身（法身、報身、応身）がある（十界互具であり、煩悩も如来も法であり、法は縁起の在りようをしているから）。一切衆生は、煩悩身であると雖も、衆生にそなわっている如来蔵には、常に、汚染は無い。如来蔵は、煩悩によって、決して、破壊されることはない。涅槃も亦た然りだ。本来、自から存在している。自然法爾なのだ。徳相を具足していることは、如来と異ならない。煩悩に汚染されている衆生心中に、仏智があるのだ。

知礼は、『仏説観無量壽仏経』の十六観法が説かれた理由を、仏の慈悲と智慧によると解説する。『仏説観無量壽仏経』は、経名が示しているように、無量壽仏を観察する経であり、観仏の方法を説き示すために存在する。阿弥陀仏の本質は、法身である。阿弥陀仏に、性具微妙身等が存在するのは、あくまで、衆生済度のためである。「性具」とは、阿弥陀仏心に、衆生を具し、衆生心中に、阿弥陀仏を具しているからで、これによって、弥陀と衆生の互具を表現している。

六即を重視したのは智顗である。その六即について、知礼の見解によれば、究竟即を仏といい、本覚であり、始覚をも具している。六即においては、皆、事理の本体は、不二である。この際、事理とは、理は仏であり、事は、究竟即以外の、衆生の五即である。この事理は、当然互具である。知礼は、六即の成立構造は、性具だと考える。理即は、理具であり、理即の階梯の衆生は、「即」であるから、究竟の妙覚とは、縁起の関係だ。だが、この六即は、階梯を漸次すすむのではない。横截する。だから、「即」というのだ。六即は、不可思議である。天台の教えは、この覚の本体を検証するから、四種三昧、念仏に通じる。

一切法は、皆、一切法を具するから、天台では、唯色、唯香、色具一切法、色具三千を許す。智顗の「一切法は縁起である」という思想では、色も心も一切法も、縁起の在りようだから、色と一切法の在りようも、心と一切法の在りようも、具であり、即であり、無自性、縁起の関係だから、「心具一切法」が成立するならば、「色具一切法」も理論的には、成立する。止観では、己心を観察の対象にするが、色を選ばないのは、不可能なからではなく、困難だから。知礼は、「色具三千」、「心具三千」をいう。これは、色と三千・真如が互具の在りようで、心と三千・真如も互具の在りようで、色、心ともに、真如と縁起の関係であることを意味する。「色具三千」を許すことは、山川草木にも真如・涅槃があるという奇妙な論理のようだが、一切諸法は、無自性、縁起の在りようだから、この論理は成立する。彼は、智顗の思想を忠実に継承しているのだ。

ただ、色では無くて心・己心を止観の対境と考えたのは、「観心は、手ごろで、的を得ていることが望ましい」と考えているからだ。観法は、平易に従うのがよい。知礼は、十六観法では、仏身観がすべてを摂するから、仏身観を行ずることを勧めている。だが、智顗が述べているように、「仏法は太だ高く」、観察することは容易ではない。だから、『仏説観無量壽仏経』では、第十六の三輩九品観の中で、下下品の機根の人が、臨終に十声の称名念仏の相続と、弥陀の本願力で往生すると述べているのだ。

知礼は衆生心中に仏は存在すると述べている。「我々は、如来蔵を具している。一切衆生には、悉く仏性がある。本よりこの方、無量の煩悩に覆われて、仏を観ることは出来ない。だが、衆生心中に仏は存在する。この事実は、観不観とは関係がない」と。

『仏説無量壽経』に述べている。「もし、衆生が在って、その名号を聞いて、信心歓喜し、ないし、一念して、至心に廻向し、極楽浄土に往生したいと願うならば、直ちに往生出来、不退転に住する。ただし、五逆罪を犯したものと、正法を誹謗したものは除く」と。もし、今経（『仏説観無量壽仏経』）によって、正観を修行するものは、下は、日想観に至るまで、直ちに、五逆の重罪を除滅することが出来る、と。その手順として、「下下品の人は、五逆罪を造り、多くの悪を為したから、臨終に苦が逼迫しており、妙法を説く善知識に遇えば、阿弥陀の三身を念ずることは出来なくても、地獄の苦を恐れるけれども、阿弥陀仏の称名で、十念を具足すれば、阿弥陀仏の力によって往生できる」。知礼は、それ故、『仏説観無量壽仏経』の第十六観のほうが、『仏説無量壽経』の第十八願よりも、下下品の衆生の済度には適していると考えた。

今回、私が取り上げた伝灯、智顗、知礼の著作の時代背景と先行研究には、意識的に触れなかった。まず、いずれの著作にも、明瞭な時代的影響が見られなかったことによる。厳密な意味で検証するならば、其の時代に書かれた書物には、著者がおり、彼は、自身の生きた時代の影響を全く受けないことは不可能である。だが、その著作に、明瞭な時代の影が見えない以上、無理にこだわるべきではない、というのが私の考えである。他方、先行研究については、智顗や知礼については、優れたものがあるが、この論文の中心である伝灯についての先行研究には、ことさら取り上げるべきものが見られないので、今回は、論究しなかった。論文の内容をいたずらに複雑、混乱させたくなかったからだ。

伝灯は、孤高の思想家である。彼の同時代、その周辺には、見るべき、競うべき思想家は見当たらないし、彼への大きな影響も見当たらないので、取り上げないことにしたが、時代を経て、智旭や達黙が出るにおよび、伝灯の業績が、改めて、注目されるようになったことを記しておきたい。次回に、「天台学者の浄土思想Ⅱ」として、明末、清の天台思想家、智旭、正寂、受正、達黙等を取り扱う時、まとめて論じたいと思う。

あとがき

この論文で、私は、いくつかの新しい試みをしてみた。智顗の『摩訶止観』を読んだ時に感じたことだが、この書物に頻出する、縁起、縁生、無自性という概念が、彼以後、どのように取り扱われているか、という疑問である。ただし、この論文は、明末の天台学者伝灯の思想を中心に、智顗、知礼の浄土教学を論述するのが趣旨だから、天台学にとっては欠くことの出来ない湛然の縁起観には、あえて触れなかった。

だが、智顗の「具」「縁起」思想は、知礼の『観音玄義記会本』にも、伝灯の『性善悪論』、『浄土生無生論』にも天台学の重要な概念として受け継がれて来ていることがわかった。智顗が非常に重視した、「根塵相対して生ずる介爾の一念（妄心）」に象徴される縁起の概念は、彼の千年後に現われた伝灯によっても、その思想的基盤として活用された。伝灯の主要な概念の「性」も「具」も縁起を前提として組み立てられているのだ。この事実は、清の達黙の著『浄土生無生論会集』の中で指摘されている。達黙は、伝灯の浄土論の注釈書を書いた人だが、天台学者である。彼の著、『浄土生無生論会集』は、天台学者ならではの論理構造をもっている。

さて、幽渓伝灯の思想にとっての主要な概念、「性」と「具」は、彼にとって、どのような意味を持っていたのか。彼の著書のタイトルをもとにして考えてみよう。『性善悪論』では、「性は理であり、本来、善悪では無い」というのが彼の結論だから、「性善」も「性悪」も自性が無い、ということであり、従って、「性善」と「性悪」とは縁起の関係だ、というのが、伝灯の考えであり、天台学の伝統思想となっている知礼の「性悪説」とは異なる。さらに、伝灯の後輩、智旭は、王陽明の影響を受けて「性善説」を主張しているから、明末から清初にかけて、伝灯と智旭によって、天台性説は、大きく変貌をとげたのである。

伝灯の浄土思想の著書『浄土生無生論』も、「生」と「無生」は、ともに「不自性」「無自性」であり、達黙の解釈によれば、縁起の在りようだから、当然、知礼の性悪説とは、相容れない思想だ、ということになり、智顗以来の天台学者の浄土思想もまた大きく変貌したと言わざるを得ない。そのことを裏付けるために、智顗の『浄土十疑論』、『仏説観無量壽仏経疏』、『仏説阿弥陀経義記』さらに、知礼の『仏説観無量壽仏経疏妙宗鈔』を読み解いて、参照した。だが、現代の日本、中国、台湾の研究者に幽渓伝灯が注目されないのは、何故か。その理由は不明だが、拙著が契機になって、伝灯教学の研究が進めば、私にとって、望外の喜びである。東京大学の修士論文の指導を受けた、東京大学の横手裕先生から、幽渓伝灯をテーマにすることを勧めて頂いた。

そのおかげで、これらの論文を書くことが出来たことに深く感謝したい。

本書の執筆に際して、横手裕先生には、ご懇切なご指導をいただいたことを、九州大学の丸山雍成先生には、様々なアドヴァイスをいただき、上梓に当たり深く感謝したい。さらに、中央公論事業出版の神門武弘氏、加藤敦子氏のご援助のおかげで、出版にこぎつけたこと、厚くお礼を申し上げたい。

参考文献

大正新修大藏経
卍続藏経
智顗　摩訶止観
智顗　法華玄義
智顗　浄土十疑論
智顗　仏説観無量壽仏経疏
智顗　仏説阿弥陀経義記
知礼　仏説観無量壽仏経疏妙宗鈔
伝灯　浄土生無生論
正寂　浄土生無生論註
受教　浄土生無生論親聞記
達黙　浄土生無生論会集
智旭　宗論

楊傑　仏説阿弥陀経

衡陽喩謙昧庵氏編輯　新続高僧伝

西本願寺版　淨土真宗聖典　真実教行証文類、仏説大無量壽経、仏説観無量壽経、仏説阿弥陀経

安藤俊雄　天台学　平楽寺書店、一九六八年。

安藤俊雄　幽渓傳燈の教學『大谷学報』三四巻三号、一九五四年一二月。

武内義範　教行信証の哲学　法蔵館、一九九九年。

荒木見悟　仏教と儒教　平楽寺書店、一九六三年。

小島毅　中国近世における礼の言説　東京大学出版会、一九九六年。

横手裕　全真教の変容『中国哲学研究』第2号東京大学中国哲学研究会、一九九〇年。

岡田武彦　王陽明と明末の儒学　上下　明徳出版社、二〇〇四年。

玉城康四郎　心把捉の展開——天台実相観を中心として　山喜房仏書林、一九八九年。

石津照璽　天台実相論の研究——存在の極相を索めて　弘文堂書房、一九四七年。

仏教大系　22巻—26巻　摩訶止観

略歴

竹本　公彦（たけもと　きみひこ）

1939年　福岡県生まれ
東京大学文学部卒　思想文化学専攻
東京大学人文社会系研究科修士課程修了　アジア文化学専攻

天台学者《てんだいがくしゃ》の浄土思想《じょうどしそう》

2017年1月10日初版発行

著　　者　竹《たけ》　本《もと》　公《きみ》　彦《ひこ》

制作・発売　中央公論事業出版
〒101-0051　東京都千代田区神田神保町1-10-1
電話　03-5244-5723
URL　http://www.chukoji.co.jp/

印刷／精興社
製本／松岳社

ISBN978-4-89514-468-1 C3015